EVENTOS

A Importância para o Turismo do Terceiro Milênio

EVENTOS

A Importância para o Turismo do Terceiro Milênio

MIGUEL BAHL

Organizador

Bacharel em Turismo e Licenciado em Geografia e em Estudos Sociais pela Universidade Federal do Paraná. Mestre e Doutor pela Escola de Comunicação e Artes da Universidade de São Paulo. Chefe de Departamento e Docente do Curso de Turismo da Universidade Federal do Paraná. Consultor para Assuntos Técnico-científicos da Associação Brasileira de Bacharéis em Turismo (Nacional). Membro da Comissão de Especialistas de Ensino de Turismo (2000-02) e membro do Comitê Assessor da Secretaria de Ensino Superior do Ministério da Educação.

ROCA

ISBN: 85-7241-430-4

CIP-BRASIL. CATALOGAÇÃO NA FONTE
SINDICATO NACIONAL DOS EDITORES DE LIVROS, RJ

E94

Eventos : a importância para o turismo do terceiro milênio / Miguel Bahl, organizador, - São Paulo : Roca, 2003

Trabalhos técnico-científicos apresentados no Congresso Brasileiro de Turismo 2000, realizado na cidade de Natal (RN), de 24 a 27 de maio de 2000

ISBN 85-7241-430-4

1. Turismo – Administração. 2. Promoção de eventos especiais. 3. Desenvolvimento sustentável.

I. Bahl, Miguel.

02-2249. CDD 338.4791
CDU 338.48

2003

EDITORA ROCA LTDA.
Rua Dr. Cesário Mota Jr., 73
CEP 01221-020 – São Paulo – SP
Tel.: (11) 3331-4478 – Fax: (11) 3331-8653
E-mail: edroca@uol.com.br – www.editoraroca.com.br

Impresso no Brasil
Printed in Brazil

Índice

Prefácio

O turismo transcendeu a sua condição de atividade ligada às viagens realizadas em busca do lazer e da recreação para uma visão mais associada às oportunidades de negócios.

Assim também ocorreu quanto à diversificação de atividades, baseadas nas potencialidades e vocações das localidades para a oferta de produtos e captação de fluxos turísticos a partir de segmentos de mercado, como é o caso dos eventos.

Diante desse quadro, salienta-se a importância desta obra, que evidencia os esforços da ABBTUR (Associação Brasileira de Bacharéis em Turismo) Nacional e da Editora Roca em publicar os trabalhos técnico-científicos apresentados no Congresso Brasileiro de Turismo 2000, realizado na cidade de Natal (RN) e, ao mesmo tempo, dar um maior grau de importância aos seus autores e aos assuntos que são discutidos anualmente em nossos congressos.

Como tema geral do congresso estabeleceu-se *"Eventos: a Importância para o Turismo do Terceiro Milênio"*, abordado nas diversas palestras, painéis e plenárias do evento realizado de 24 a 27 de maio de 2000.

Nesta publicação, constam quinze capítulos que abordam direta e indiretamente a questão dos eventos no contexto do turismo, distribuídos em três partes, nas quais foram incluídos os textos que tivessem temáticas comuns em suas abordagens.

Na realidade, teve-se a oportunidade de agregar diversos escritores e pesquisadores que contribuem para a abertura de novas discussões e abordagens sobre eventos.

Esta obra pode ser considerada uma expressiva fonte de consulta para profissionais, professores, pesquisadores, estudantes e demais interessados em se aprimorar e ampliar conhecimentos sobre o assunto.

SÉRGIO FERNANDES MARTINS
Presidente da Associação Brasileira de Bacharéis em Turismo

Apresentação

Miguel Bahl

A presente publicação remete-nos ao Congresso Brasileiro de Turismo realizado na cidade de Natal (RN) no ano 2000. Possibilita o resgate dos trabalhos apresentados durante o evento identificados à temática sobre "Eventos: a Importância para o Turismo do Terceiro Milênio". Faz parte do compromisso assumido pela ABBTUR (Associação Brasileira de Bacharéis em Turismo) Nacional em divulgar os estudos e pesquisas desenvolvidos e encaminhados ao Comitê Técnico-científico do evento, visando ao aprimoramento da área.

Neste ínterim, a temática geral do congresso levou em conta que o segmento de eventos é um dos mais dinâmicos e interativos do turismo, com reflexos em níveis econômicos, sociais ou culturais, ou seja, gerando fluxos; a ampliação das taxas de permanência dos turistas nas localidades receptoras; atuando como atrativo turístico; possibilitando diminuição de sazonalidade; o resgate e valorização de conteúdos culturais e naturais; fomentando negócios e investimentos; a geração de empregos, distribuição de renda e absorção de divisas, entre outros desdobramentos.

Desta forma, evidencia-se a necessidade do adequado planejamento, organização e gerenciamento das atividades inerentes e de profissionalismo na sua execução, além da necessidade da análise dos impactos e benefícios que os eventos possam gerar tanto para as sedes quanto para as cidades e regiões onde são realizados, justificando plenamente a apresentação desta publicação.

Na sua estruturação buscou-se aglutinar os artigos e trabalhos em três partes. A primeira identificada ao Gerenciamento de Eventos, a segunda quanto às Perspectivas e Estudos Aplicados aos Eventos e na terceira a apresentação de Repercussões e Inferências.

No Capítulo 1 da Primeira Parte, intitulado "Uso da Criatividade para o Setor de Eventos", Edna Leite Dias menciona ser imprescindível que as organizações saibam investir no seu capital intelectual para tornarem-se competitivas. A autora faz uma revisão nos estudos da administração moderna e estabelece a importância do capital intelectual dentro da estrutura de uma organização turística.

Em seguida tem-se o Capítulo 2, sobre "Tecnologia da Informação na Organização de Eventos", elaborado por Cezar Henrique Galhart, que discorre sobre a importância da Tecnologia da Informação no auxílio à organização de eventos, a apresentação de alguns conceitos e ferramentas inerentes e algumas de suas aplicações no segmento de eventos.

De autoria de Dione dos Santos Pereira, Anatália Saraiva Martins Ramos e Maria do Socorro Gondim Teixeira tem-se o Capítulo 3, "Uso da Internet no Planejamento e Organização de Eventos Científicos", em que é analisado, por meio da metodologia de estudo de caso, o papel da tecnologia da Internet como estratégia de comunicação e informação para a organização de um evento do tipo Congresso.

O Capítulo 4, "Redes Interorganizacionais e Captação de Eventos", de Clézio Gontijo Amorim, analisa a rede interorganizacional adotada pelo Centro de Convenções de Curitiba como estratégia para aprimorar a sua captação de eventos. Como resultado mostra a estrutura da rede de eventos, em Curitiba, bem como indica um incremento considerável na captação, em função de um maior número e de melhores parcerias estabelecidas entre o "trade".

O Capítulo 5, "Melhorando as Relações entre Empresas de Eventos e Hotéis", de Marcelo Schenk de Azambuja e Berenice Mércio Pereira, apresenta o resultado de um trabalho realizado em um hotel da Serra Gaúcha, onde foi aplicada uma pesquisa junto aos organizadores de eventos, utilizando-se técnicas da qualidade e métodos estatísticos que permitiu traçar ações de melhoria no relacionamento com clientes organizadores de eventos.

Finalizando a Primeira Parte, o Capítulo 6, "Teoria dos Eventos Turísticos", de Leandro Antônio de Lemos, propõe "um novo escopo teórico para a análise de eventos turísticos e do turismo baseado nos conceitos de valor turístico e nos processos de agregação, transformação, chancelamento e valorização. Acrescenta ferramentas de avaliação dos eventos e do turismo que, por partir de uma base teórica diferenciada, chegam a resultados mais profundos e socialmente mais amplos".

Com respeito à Segunda Parte, apresenta-se o Capítulo 7, de Rosselvelt José Santos e Maria José Pirete, denominado "Espaço Rural e as Perspectivas para o Turismo de Eventos", em que se tecem considerações sobre a utilização do espaço rural com atividades não-agrícolas e que a promoção do turismo neste meio pode vir a ser uma das alternativas mais destacadas para a diversificação produtiva. Ao mesmo tempo, não deixa de levar em conta o respeito e o comprometimento com a diversidade cultural e que a promoção de eventos seria uma forma de renovação dessa modalidade de turismo, inclusive, amenizando a sazonalidade dessa atividade.

O Capítulo 8, "Eventos, Cultura Popular e Memória Regional", de Andressa Franco, Camila Dantas, Delanne Silva, Fabiana Sales, Maria Luciana Dias, Patrícia Galvão, Priscylla Lima e Roberta Carvalho, trata da cultura popular como alternativa em um processo de resgate da memória regional. Também aborda a dificuldade de se estabelecer um conceito único de cultura popular, relacionando-a com a promoção de eventos. Sugere maneiras de despertar na população o sentimento preservacionista sobre as suas raízes como forma de garantia sobre a sua existência para as futuras gerações.

De Paulo Augusto Pinto, Modesto Guedes Ferreira e Jahn Carlo Amorim Ferreira, é apresentado o Capítulo 9, "Estudo de um Atrativo Turístico: Festa da Lagosta de São Fidélis", em que se faz referência de que a existência do lagostim (*Macrobrachium carcinus*) no Rio Paraíba do Sul, no município de São Fidélis (RJ), deu origem à "Festa da Lagosta". No entanto, os autores comentam que o evento desencadeou a escassez do produto pela pesca predatória. Mencionam que, por meio de um projeto coordenado pelo Centro Universitário Plínio Leite em acordo com a colônia de pescadores do município, visa-se ao repovoamento do rio, após reprodução e crescimento da forma larvar em laboratório. Discorrem ainda que a expectativa de se criar o lagostim sob controle e fiscalização poderá se constituir no retorno da atividade da pesca de forma econômica e da "Festa da Lagosta", considerado como um evento turístico importante para o município.

Por sua vez, o Capítulo 10, "Influência dos Atrativos Turísticos na Organização de Eventos", de Alison Benhur Wunsch, Augusto Cesar Stein e Pablo Rodrigo Ferreira, consiste-se em analisar e verificar a influência dos atrativos turísticos na decisão dos estudantes, utilizando como base as pesquisas desenvolvidas pela ICCA (International Congress and Convention Association) e Business Travel News. Apresentam suas considerações a partir dos dados levantados de Salvador, Foz do Iguaçu e Curitiba.

No Capítulo 11, desenvolvido por Luciane de Fátima Neri, intitulado "Eventos no Litoral do Paraná e o Problema da Sazonalidade", a autora menciona a sazonalidade do turismo, bem como os problemas causados por este fenômeno. Também procura analisar os eventos programados para o ano 2000 nos municípios do litoral do Paraná, enfocando principalmente aqueles que mais sofrem em conseqüência da carência de demanda na baixa temporada. Propõe a realização de eventos distribuídos durante o ano para diminuir os impactos causados pela sazonalidade.

Finalizando a Segunda Parte, Daniela Fantoni Alvares apresenta o Capítulo 12, "Setor de Eventos na Hotelaria. Promoção, uma Alternativa Rentável", no qual menciona que os eventos na hotelaria podem trazer diversos benefícios à própria empresa e que a necessidade de se promover eventos, e não apenas captá-los, faz parte do contexto atual. Comenta ainda que o aumento da concorrência determina a mudança dos paradigmas e que a busca de novas alternativas, objetivando a sustentabilidade e maior rentabilidade do hotel, deve ser constante. Apresenta comentários sobre o complexo turístico Pousada do Rio Quente Resorts e as vantagens obtidas pelo Copacabana Palace, Belo Horizonte Othon Palace e Hotel Sol Belo Horizonte, assim como hotéis mencionados como "não promotores": Boulevard Plaza, Grandville Hotel e Merit Plaza.

Iniciando a Terceira Parte consta o Capítulo 13, "Impactos Sociais e Culturais da Oktoberfest na Comunidade de Blumenau entre 1993 a 1998", em que Carla Andrade Novaes dos Santos menciona que a Oktoberfest de Blumenau (SC) gera grande fluxo turístico na comunidade em que ocorre, causando uma série de impactos socioculturais. Os impactos sociais, causados pelo grande número de visitantes que se direcionam para a cidade com a intenção de usufruir da festa para dançar e se embebedar, não levando em consideração a comunidade blumenauense. Os impactos culturais que o próprio evento gera na comunidade, descaracterizando a cultura local em benefício da sua comercialização com fins puramente econômicos.

O Capítulo 14, "Festival de Cinema do Recife como Lazer. Opção para a População Local?", de Daniella Pereira de Souza Silva, Elza Ramos, Erica de Carvalho Paz, Luciana da Silveira Pitanga, Luciene dos Santos, Mayse Cristina de Lima Cavalcanti e Sílvia Gomes Graciliano, afirma "que o cinema brasileiro, após passar por diversos ciclos e chegar a uma fase de decadência nos anos 90, ressurgiu com a retomada da realização de filmes pela nova geração de diretores, ganhando novo fôlego a partir do reconhecimento internacional". Tal ambiente estimulou o surgimento do Festival de Cinema do Recife, evento que possibilitou oportunidades para a exibição e promoção de filmes de artistas nacionais, estímulo e divulgação da produção cultural local, inserção de empresas prestadoras de serviços que atuam mais diretamente com infra-estrutura e montagem, além de empresas do setor turístico contratadas pelos organizadores do evento. Menciona que o evento ainda possui uma concepção elitista por ser freqüentado por um público formador de opinião e sugere alternativas para tentar popularizar o cinema nacional, que passaria a ser uma opção de lazer e cultura.

Finalizando esta série, Camila Fernandes Collpy e Leandro Rodrigues Gonzalez Fernandez apresentam o Capítulo 15, "Eventos Culturais do Bairro do Bixiga", mencionando que tais eventos são manifestações populares e religiosas integradas ao bairro como atividades de lazer, turísticas e comerciais. Explanam sobre os três eventos apresentando as suas características e propostas para um melhor uso dos mesmos.

Enfim, após as considerações referentes ao conteúdo dos trabalhos incluídos nesta publicação, aspira-se que este livro possa contribuir como elemento estimulador para novos estudos e reflexões sobre o turismo brasileiro, mais especificamente identificados ao segmento de eventos e suas repercussões no contexto brasileiro e internacional.

Nossa homenagem e agradecimentos à
Professora Jurema Márcia Dantas da Silva,
grande companheira e colaboradora na
realização do Congresso Brasileiro de Turismo
na cidade de Natal (RN), no ano 2000.

Colaboradores

Alison Benhur Wunsch
Graduação em Turismo

Anatália Saraiva Martins Ramos
Graduação em Tecnologia de Processamento de Dados. Mestre e Doutora em Engenharia da Produção. Professora da Universidade Federal do Rio Grande do Norte

Andressa Pacífico Franco
Graduação em Turismo. Universidade Federal de Pernambuco

Augusto Cesar Stein
Graduação em Turismo. Especialização em Turismo Rural. Centro Sulamericano de Ensino Superior

Berenice Mércio Pereira
Graduação em Jornalismo. Especialização em Metodologia do Ensino Superior. Mestre em Comunicação Social. Coordenadora do Curso Superior de Turismo. Faculdade de Comunicação Social da Pontifícia Universidade Católica do Rio Grande do Sul

Camila Fernandes Collpy
Graduação em Turismo. Mestranda em Turismo e Hospedagem. Professora do Centro Universitário Moura Lacerda e do Centro Universitário Ibero-Americano

Camila Flávia Leitão Dantas
Graduação em Turismo. Universidade Federal de Pernambuco

Carla Andrade Novaes dos Santos
Graduação em Pedagogia. Mestre em Turismo e Hotelaria. Doutoranda em Turismo e Hotelaria. Professora e Coordenadora do Laboratório

Multifuncional de Turismo. Instituto Superior e Centro Educacional Luterano Bom Jesus

Cezar Henrique Galhart
Graduação em Turismo. Especialização em Planejamento de Comunicação Integrada. Professional Congress Organizer do Centro Internacional de Tecnologia de Software

Clézio Gontijo Amorim
Graduação em Administração. Especialização em Exportação. Mestre em Administração. Coordenador e Professor do Curso de Administração. Faculdade Internacional de Curitiba

Daniela Fantoni Alvares
Graduação em Turismo. Especialização em Planejamento, Gestão e Marketing Turístico

Daniella Pereira de Souza Silva
Graduação em Turismo. Universidade Federal de Pernambuco

Delanne Paulino da Silva
Graduação em Turismo. Universidade Federal de Pernambuco

Dione dos Santos Pereira
Graduação em Administração de Empresas. Especialização em Marketing. Mestre em Engenharia da Produção

Edna Leite Dias
Graduação em Turismo. Mestre em Administração. Professora de Turismo e Administração Hoteleira. Coordenadora do Curso de Turismo. Faculdade Integrada do Ceará; Universidade de Fortaleza; Faculdade de Ciências Sociais Aplicadas

Elza Ramos da Silva
Graduação em Turismo. Universidade Federal de Pernambuco

Erica de Carvalho Paz
Graduação em Turismo. Universidade Federal de Pernambuco

Fabiana de Lima Sales
Graduação em Turismo. Universidade Federal de Pernambuco

Jahn Carlo Amorim Ferreira
Graduação em Medicina Veterinária. Centro Universitário Plínio Leite

Leandro Antônio de Lemos
Graduação em Economia. Mestre em Economia Industrial. Doutor em Ciências da Comunicação – Turismo. Professor na Pontifícia Universidade Católica do Rio Grande do Sul e Universidade de Caxias do Sul

Leandro Rodrigues Gonzalez Fernandez
Graduação em Turismo. Mestrando em Turismo e Hospedagem. Centro Universitário Ibero-Americano

Luciana da Silveira Pitanga
Acadêmica de Turismo. Universidade Federal de Pernambuco

Luciane de Fátima Neri
Graduação em Turismo. Especialização em Análise Ambiental. Mestre em Gestão Pública do Turismo. Universidad Internacional de Andalucia. Professora da Universidade Federal do Paraná

Luciene dos Santos
Graduação em Turismo. Universidade Federal de Pernambuco

Marcelo Schenk de Azambuja
Graduação em Hotelaria. Especialização em Gestão Empresarial. Mestre em Engenharia da Produção. Doutor em Comunicação Social. Professor do Curso Superior de Turismo na Pontifícia Universidade Católica do Rio Grande do Sul

Maria do Socorro Gondim Teixeira
Graduação em Relações Internacionais. Especialização em Comércio Exterior. Mestre em Teoria Econômica. Doutora em Ciências da Comunicação. Professora do Departamento de Economia da Universidade Federal do Rio Grande do Norte

Maria José Pirete
Graduação em Geografia. Especialização em Geografia Humana. Mestre em Geografia. Professora e Coordenadora do Curso de Geografia do Centro Universitário do Triângulo, MG

Maria Luciana Monteiro Dias
Acadêmica de Turismo. Universidade Federal de Pernambuco

Mayse Cristina de Lima Cavalcanti
Graduação em Turismo. Universidade Federal de Pernambuco

Modesto Guedes Ferreira Júnior
Graduação em Engenharia de Pesca. Especialização em Aqüicultura. Mestrado em Administração e Desenvolvimento Empresarial

Pablo Rodrigo Ferreira
Graduação em Turismo. Mestrando em Turismo e Hotelaria pela Universidade do Vale do Itajaí

Patrícia Lins de Arroxelas Galvão
Graduação em Turismo. Universidade Federal de Pernambuco

Paulo Augusto Pinto
Graduação em Medicina Veterinária e em Turismo. Especialização em Reprodução e Produção Animal, e em Turismo Rural. Mestre e Doutor em Genética e Melhoramento Animal. Professor do Centro Universitário Plínio Leite e da UCB

Priscylla Elita de Luna Lima
Graduação em Turismo. Universidade Federal de Pernambuco

Roberta Cajaseiras de Carvalho
Graduação em Turismo. Universidade Federal de Pernambuco. Especialização em Gestão de Ambientes Costeiros Tropicais

Rosselvelt José Santos
Professor Doutor do Programa de Mestrado da Universidade Federal de Uberlândia. Coordenador do Laboratório de Geografia Cultural e Turismo

Silvia Gomes Graciliano
Graduação em Turismo. Universidade Federal de Pernambuco

Parte I

Gerenciamento de Eventos

Capítulo 1

Uso da Criatividade para o Setor de Eventos

Edna Leite Dias

Resumo

Num passado recente, as grandes organizações obtinham vantagens competitivas com base no seu tamanho e na sua produtividade. Atualmente existe uma grande preocupação com as mudanças que ocorrem nas empresas, principalmente as do setor turístico, identificadas neste trabalho como Empresas Organizadoras de Eventos. Essas mudanças estão acontecendo globalmente; portanto, é imprescindível que as organizações saibam investir no seu capital intelectual para tornarem-se competitivas no próximo século. Este trabalho faz uma revisão nos estudos da administração moderna e estabelece a importância do capital intelectual dentro da estrutura de uma organização turística.

Palavras-chave: *Criatividade e turismo; capital intelectual; vantagem competitiva.*

Introdução

A "indústria do turismo" é um dos setores da economia mundial apresentando rápido crescimento e tem sido um dos fenômenos mais marcantes e expressivos da atualidade. De acordo com estudos efetuados pela OMT (Organização Mundial do Turismo), os resultados globais do turismo em 1998 assinalaram um crescimento de 2,4%, repetindo a "performance" de 1997.[8] O turismo de eventos (ou turismo de congressos, segundo alguns estudiosos), é um segmento do amplo universo do turismo que possui características muito peculiares e especiais, resultantes da estreita ligação entre eventos e turismo, com os seguintes pontos positivos:

- É uma área pouco atingida em época de crise;
- Não depende do regime governamental;
- Gera divisa e empregos;
- Motiva investimentos e melhorias (centros de convenção, hotéis etc.);
- Não é influenciada pela sazonalidade da atividade turística;
- Atinge e traz benefícios para todos os outros segmentos do turismo.

Trigo[12] afirma que "na economia mundial, o segmento como força preponderante e inovadora é bastante recente. Nesse setor, o turismo é ainda mais novo como setor significativo da economia, especialmente em países em desenvolvimento como o Brasil".

Segundo a Diretoria Executiva do *Convention & Visitors Bureau* de Fortaleza, está previsto que, num futuro próximo, nenhum outro segmento de mercado, na economia mundial, ultrapassará o crescimento do setor de eventos: "A taxa de ocupação hoteleira tem registrado, em média, índices elevados de crescimento nos meses de baixa estação, e continua crescendo em ritmo acelerado, elevando a taxa de ocupação acima do previsto".[7]

Eventos e Atividade Turística

Mundialmente, a atividade de Eventos cresce notavelmente, mostrando que sozinha pode desempenhar um importante papel para a atividade turística como um todo. Silva[9] coloca: "Os eventos em geral constituem-se numa poderosa força para atração de turistas, já que se tornam um forte centro de atração para onde gravitam os interesses de todos aqueles que se deslocaram para participar, ou que de algum modo estão envolvidos no evento".

Com efeito, um evento pode atrair turistas e movimentar somas relevantes para a rede hoteleira, bem como para empresas ligadas ao turismo receptivo, visto que, mesmo com o mérito principal de reunir pessoas cujas aspirações se assemelham, geram emprego e renda para a comunidade receptora através de oportunidades que o evento proporciona, fazendo circular o dinheiro, gerando riquezas.

Conforme divulgado pela IACVB (*International Association of Convention & Visitors Bureau*), a promoção de eventos é responsável, direta e indiretamente, por transações anuais no valor de US$ 27 bilhões, algo em torno de 11% do PIB (Produto Interno Bruto) mundial, enquanto o gasto de um participante de eventos é cerca de US$ 680.[1] Note-se que a soma citada inclui gastos dos participantes e negociações em fechamentos de contratos de compra e venda em feiras e amostras.

O número de congressos, simpósios e exposições cresce a taxas surpreendentes. Multiplicam-se as empresas que, em busca desse filão, passam a atuar como organizadoras de eventos, embora sabendo que necessitam de recursos técnicos e humanos indispensáveis para tornarem-se competitivas em uma economia globalizada.

Mesmo com o crescimento observado no setor de eventos nos últimos anos, é importante ressaltar que a situação das empresas organizadoras de eventos como um todo ainda é muito precária quando se trata de políticas voltadas ao valor dado ao capital intelectual como forma de investimento e lucro, particularmente na região Nordeste do Brasil, onde se observa um desenvolvimento rápido do setor.

O que se faz necessário é pensar como o profissional especializado do setor de eventos somará forças nesse mercado emergente que é o turismo de eventos no Brasil, a fim de agregar valor a esse segmento. Torna-se indiscutível que, para garantir excelente desempenho e sucesso no evento, as empresas deverão, sobretudo, buscar mais profissionalismo, criatividade, informações e conhecimentos traduzidos em novas competências.

Capital Intelectual

Na nova abordagem sobre mudança organizacional, a partir de novos conceitos ligados à gestão do capital intelectual, há uma tendência de valorização dos ativos intangíveis, isto é, aqueles ligados ao capital humano, como conhecimento, valores, atitudes das pessoas que integram a empresa. Estes ativos intangíveis compreendem todos os conhecimentos tácitos ou explícitos que geram valor econômico para a organização. Portanto, uma nova economia encontra-se em processo de formação no mundo, resultante da valorização desse ativo. Nessa nova era, a riqueza é produto do conhecimento que assume papel de matéria-prima, sendo comercializada como mercadoria.

Conhecimento é definido por Crawford[3] como "os fatos, verdades ou princípios adquiridos a partir de estudo ou investigação; aprendizado prático de uma arte ou habilidade; a soma do que é conhecido com o que ainda pode ser aprendido". Conhecimento, portanto, é a capacidade de agregar uma informação adquirida a um trabalho ou a um resultado especial e somente os seres humanos são capazes de aplicar os seus conhecimentos produtivamente.

Entre os autores que melhor definem o capital intelectual como ativo mais valioso da empresa e forma de gerar riqueza para que as organizações possam ser mais competitivas na era do conhecimento estão Thomas Stewart, Warter Wriston, Leif e Malone e Karl Sveiby.

Stewart[10], com a mesma justificativa teórica, considera que a soma do conhecimento na empresa, que proporcionará uma vantagem competitiva no mercado, é chamada capital intelectual. Ele é intangível. É o conhecimento existente na força de trabalho: treinamento, intuição de uma equipe, criatividade, *know-how*, aprendizado compartilhado e capacidade mental coletiva.

Um outro autor, Wriston[13], nesta mesma linha de pensamento, confirma: "realmente, a nova fonte de riqueza não é de natureza material, mas consiste de informação, de conhecimento aplicado ao trabalho para criar valor". O capital intelectual é também definido por Sveiby[11] como a capacidade, a habilidade, a criatividade e o conhecimento especializado contidos no cérebro humano.

Está evidente que o capital intelectual representa um modelo totalmente novo para se medir o valor que transformará não somente a economia, como também a sociedade no que tange à criação de riquezas e à obtenção de valor. O fator humano, ou seja, o capital intelectual de uma empresa valorizará as instituições, pois somente ele consegue captar a dinâmica da solidez organizacional e da criação de valor, reconhecendo que um empreendimento moderno muda com tanta rapidez que passa a depender restritamente do talento, da criatividade e da competência dos seus recursos humanos, bem como da qualidade dos instrumentos que as empresas, principalmente aquelas organizadoras de eventos, venham a utilizar.

Investir no "Ativo Humano" na Empresa de Eventos

Os produtos estão muito iguais de empresa para empresa: a tecnologia está acessível a todos. O que está fazendo a diferença e/ou ainda fará, de maneira mais contundente no futuro, são os serviços agregados aos produtos. Só que serviços são prestados por pessoas e a qualidade dos serviços prestados depende do nível de conhecimento das pessoas que os prestam. Portanto, hoje não concorre mais um produto vendido com outro e, sim, uma equipe com outra.

Outro fator importante é que, talvez, o principal diferencial competitivo de uma empresa de eventos seja sua capacidade de aprender mais rápido e ser mais criativa que seus concorrentes. Isso implica em ter pessoas criativas dentro da organização. Mudanças ambientais criam novos desafios e isso implica em novos objetivos e novas competências ou aumento do capital intelectual.

Um dos insumos mais importantes e perseguidos pelas empresas, hoje em dia, é a criatividade. É nesse contexto que o ser humano entra triunfante, já que na década de 1960 as empresas estavam mais preocupadas com automação advinda de novas tecnologias. Em algumas empresas, citam-se aqui as do setor de turismo, os dirigentes descobriram que computadores e máquinas não criam e a criatividade passa a ser um componente imprescindível para a inovação da empresa e, portanto, para sobrevivência e desenvolvimento do empreendimento. A criatividade depende também do capital intelectual voltado à quebra de paradigmas, à construção de modelos mentais otimistas e ao desenvolvimento da auto-estima.

A inovação será uma questão central de estratégia de negociação das empresas do século XXI. Compete aos líderes criar uma cultura organizacional voltada à inovação, à criatividade, tornando seus funcionários parte integrante do pensamento e da vida profissional. A sobrevivência de uma empresa de eventos também passa por esse processo de consciência inovadora. Para Kuczmarski[5], "mais do que lançar um produto, inovar significa mudar radicalmente o pensamento". Portanto, a inovação parece ser a arma competitiva mais poderosa da empresa, mas ela não funciona sem o envolvimento de dirigentes e funcionários. Ainda segundo o autor, a instauração de uma cultura criativa na empresa depende de quatro fatores básicos: acreditar firmemente nas equipes; reconhecer o valor dos recursos humanos; recompensá-los adequadamente e respeitá-los como seres humanos.

Criatividade é definida, no mundo dos negócios, como geração de idéias, *brainstorming*, pensamento lateral. Portanto, criatividade nada mais é do que um processo no qual alguém tem idéias, desenvolve-as e cria valor a partir delas. Esse processo, ainda segundo o autor, é chamado de criatividade, inovação ou espírito empreendedor.

Conclusão

Sendo o Brasil um país com vocação emergente para sediar eventos, difere dos demais países por apresentar características e realidades em função de seus aspectos tradicionais, históricos, políticos, econômicos, científicos, filosóficos ou culturais. No entanto, investimentos em tecnologia e inovação já não são suficientes para manter as empresas no mercado. Na nova era do capital intelectual, o grande diferencial competitivo está no seu contingente humano. Os profissionais de todos os níveis e setores que constituem a organização são, na verdade, a grande fonte de informação, conhecimento, criatividade, produtividade e qualidade. Cada vez mais, a atitude e o comportamento desses profissionais estão se mostrando fundamentais para o sucesso da empresa e indicando que o setor de eventos significa receber turistas potenciais, que permanecem e gastam mais do que o turista tradicional de lazer.

O segmento de eventos é propulsor do desenvolvimento turístico de um país, além de ser um elemento estabilizador que preenche os espaços ociosos nos períodos de baixa estação. Todavia, deve-se considerar que este segmento apóia-se fortemente no setor de serviços, o que sugere uma política centralizada cada vez mais nos recursos humanos.

Dentro desse contexto, conclui-se que os recursos humanos representam os sustentáculos na organização de eventos, sejam eles de natureza científica, técnica, comercial ou cultural. No entanto, observa-se uma carência acentuada de profissionais capazes de agregar valor à organização, além de fazer de cada evento um momento único e diferenciado.

Por isso, manter e desenvolver bons profissionais na empresa organizadora de eventos tem sido a melhor estratégia para as organizações que querem aliar qualidade e produtividade num mercado cada vez mais globalizado. Assim, promover eficientemente o capital intelectual como forma de incrementar o capital financeiro, buscando sempre o desenvolvimento e o crescimento do capital intelectual, será o grande desafio das empresas do futuro.

As empresas organizadoras de eventos que se preocupam somente com a quantidade de eventos que são capazes de produzir, sem se deterem nos resultados e na satisfação de seus participantes, contribuem para que as pessoas que nelas trabalham se tornem frias, fechadas e improdutivas.

A comunicação humana, as relações interpessoais, as motivações, a criatividade, principalmente esta última, dependem das relações afetivas e emocionais. Fala-se muito na "indústria do turismo", em encantar os clientes, em conquistar novos mercados, necessitando para tanto de pessoas criativas; contudo, nota-se uma lacuna de relacionamento e comunicação mais aberta e saudável.

Para impulsionar a criatividade latente no ser humano, é preciso eliminar as emoções negativas dos funcionários, para que a sinergia dentro da empresa possa crescer a cada tarefa; isso só será possível quando se valorizar o capital intelectual nas relações de trabalho.

Referências Bibliográficas

1. CARVALHO, C.L.; BRITO, G. *Destino Brasil, Novos Caminhos para o Turismo*. Rio de Janeiro, Hamburg, p. 159, 1994.
2. CHIAVENATO, I. *Recursos Humanos*. São Paulo, Atlas, 1989.
3. CRAWFORD, R. *Na Era do Capital Humano*. São Paulo, Atlas, p. 21, 1994.
4. DRUCKER, P. *Inovação e Espírito Empreendedor*. São Paulo, Pioneira, 1986.
5. KUCZMARSKI, J. *Jamming - Arte e Disciplina da Criatividade Empresarial*. São Paulo, Campus, p. 28, 1998.
6. MALONE, M.S.; LEIF, E. *Capital Intelectual*. São Paulo, MacKron Books, 1998.
7. SECRETARIA DE TURISMO DO CEARÁ. *Pesquisa da Demanda Turística*. Fortaleza, SETUR, (Dez.), 1999.
8. SECRETARIA ESPECIAL DE TURISMO, PREFEITURA DA CIDADE DO RIO DE JANEIRO. Turismo internacional cresce no mundo. *Informe Turístico*. Rio de Janeiro, Plano Maravilha, 2:(4), 4, 1999.
9. SILVA, F.P.S. Eventos e turismo: turismo de eventos. In: *Turismo: Tendências e Debates*. II:(2), 1999.
10. STEWART, T. *Capital Intelectual*. Rio de Janeiro, Campus, p. XIII, 1998.
11. SVEIBY, K.E. *A Nova Riqueza das Organizações*. Rio de Janeiro, Campus, 1998.
12. TRIGO, L.G. *A Sociedade Pós-Industrial e o Profissional em Turismo*. Campinas, Papirus, p. 19, 1998.
13. WRISTON, W. *O Crepúsculo da Soberania*. São Paulo, McKron Books, p. 16, 1994.

Capítulo 2

Tecnologia da Informação na Organização de Eventos

CEZAR HENRIQUE GALHART

Resumo

Este trabalho discute a importância da Tecnologia da Informação no auxílio à organização de eventos. Também são apresentados alguns conceitos e ferramentas referentes à Tecnologia da Informação, da mesma forma que algumas aplicações dos mesmos no setor de eventos.

Palavras-chave: *Turismo; tecnologia da informação; eventos; gestão.*

Introdução

A necessidade de atualização tecnológica no setor de eventos já não se constitui mais em diferencial, mas em fator condicionante para o mercado altamente competitivo, principalmente no que se refere à organização de eventos.

A conjuntura social, denominada sociedade da informação, impôs ao mercado de eventos profundas mudanças organizacionais, em que a velocidade com que a informação se processa passa a ser determinante para a satisfação dos clientes.

A necessidade de otimização dos processos organizacionais também é um benefício da tecnologia da informação, entre outros apresentados e discutidos neste trabalho.

Tecnologia da Informação

Segundo Camarão,[2] entende-se erroneamente o conceito de tecnologia da informação. Este é normalmente associado aos processos modernos e automação do tratamento da informação. Para ele, é a tecnologia que descreve as novas facilidades e recursos para o processamento e distribuição da informação baseada no desenvolvimento da computação e nas comunicações.

> *"Sabe-se entretanto que a humanidade trabalha com a informação há milhões de anos entretanto, nas últimas três décadas houve um desenvolvimento surpreendente nessa área através da utilização da tecnologia, principalmente pela utilização cada vez mais popularizada do computador. A expressão 'tecnologia da informação', difundida a todos os campos da atividade humana é atualmente uma forma moderna de tratamento dos dados baseada nas facilidades adquiridas pela eletroeletrônica e pelos avanços na área de lógica e projetos dirigidos".*[2]

A velocidade com que a informação se processa na atualidade, bem como sua abrangência, provocam mudanças e seus impactos não atingem somente as organizações, mas a sociedade como um todo, a qual modificou-se em função da disseminação da informação pelos meios de comunicação de massa.

A informação ressurgiu com requintes de sofisticação, surgindo novas concepções, que até então não estavam inseridas nos valores e necessidades da sociedade em transformação. A informação passou a ser um diferencial competitivo e, contrariando os antigos "modelos" de gestão, o acesso disponibilizado desta informação por meio de redes, sendo a Internet uma delas, tornou-se necessidade como estratégia de marketing para as empresas.

O principal benefício da tecnologia da informação é a capacidade de melhorar a qualidade e a disponibilidade de informações e conhecimentos relevantes para a empresa, seus clientes e fornecedores. A adoção de modernos sistemas de informação possibilita às organizações oportunidades para a melhoria dos processos organizacionais e dos serviços prestados ao consumidor final.

Tecnologia da Informação na Organização de Eventos

A informatização e a automação possibilitaram à atividade turística agilização em determinados processos operacionais, outrora impossíveis. Nas últimas décadas, transformações tecnológicas propiciaram impactos nesta atividade, em todos os setores, acompanhando a identificação das necessidades pertinentes aos padrões sociais e culturais contemporâneos, em que o fator tempo tornou-se a maior preocupação para a satisfação da demanda turística.

A seguir, serão apresentados alguns conceitos e ferramentas da tecnologia da informação que auxiliam na tomada de decisões para a organização de eventos.

Internet

A Internet pode estar em todo o desenvolvimento de produtos e serviços, desde a pesquisa de oportunidades e a comercialização até a pós-venda. Passou a ser um canal de distribuição cuja interatividade permite personalização e acompanhamento da satisfação dos clientes.

Uma forte tendência é a possibilidade de preços individualizados, mesmo para o setor de eventos. É a associação da Internet com a tecnologia do *database marketing* permitindo o relacionamento "um para um". A pluralidade de preferências, identificada como a maior característica da sociedade da informação, conduz o setor de eventos a propiciar opções e diferenciais na organização dos mais diferenciados eventos.

A *Web* é um meio extremamente informal de comunicação, em que as pessoas estão geralmente à vontade quando navegam. A possibilidade de comprar "sem ser identificado" torna a relação empresa-cliente informal e mais direta.

A Internet é estratégia imprescindível para as empresas que queiram se utilizar dessa ferramenta para a criação de um sistema integrado de informações, pelas possibilidades que oferece.

Comércio Eletrônico

As relações comerciais sofreram profundas alterações nos últimos anos devido ao advento da Internet como ferramenta para troca de informações e negócios. O comércio eletrônico, mecanismo que transforma a informação de mercado em negócios, avança rapidamente para consolidar espaços no mundo empresarial.

O comércio eletrônico conduzirá as organizações a migrarem seus sistemas para as possibilidades de interação cliente-empresa, possível com a utilização dos recursos da Internet. Gerenciar as interações com os clientes de modo consistente, independentemente dos canais de distribuição ou das funções administrativas, é fundamental para o estabelecimento de relações de fidelidade e lucratividade.

O comércio eletrônico conecta compradores, vendedores e investidores com uma velocidade sem precedentes e uma fantástica eficiência, com custos menores. Dessa forma, pode-se estabelecer que são três as relações comerciais existentes: Empresa-Empresa, Empresa-Cliente, Estado-Empresa. Os próprios nomes das modalidades já definem o tipo de relacionamento a que se destinam. A primeira possibilita facilidades nas aquisições de produtos e serviços entre empresas e seus fornecedores. A segunda refere-se ao tratamento comercial com o cliente, na aquisição de serviços. O crescente número de eventos que disponibilizam inscrições pela Internet exige novas formas de transferência de recursos, pela Internet, diretamente da conta corrente do investidor para a conta do evento. A última vincula-se à tributação de impostos e pagamentos de taxas. Antes um processo lento e burocrático, hoje é um moderno sistema de controle contra a inadimplência e com índices nulos de erros.

O universo de informações pertinentes a esta forma de tratamento comercial facilita a execução de transferências de valores com relativa segurança, margem de erros praticamente nula e grande velocidade, sem intermediação.

Banco de Dados

A escolha do banco de dados é determinante levando-se em consideração sua aplicabilidade e necessidade. Os bancos de relacionais são os mais difundidos e utilizados pela maioria das organizações. Os riscos dos projetos com o *software* relacional são menores devido ao maior conhecimento do mercado, dos profissionais e da disponibilidade de ferramentas.

A plataforma na qual o *software* de banco de dados opera é um importante fator para determinar a *performance* do servidor de banco de dados. A plataforma "Windows NT" está ganhando espaço a cada dia. As vendas do sistema crescem muito acima da média do mercado. A questão da *performance* é muito importante. Não adianta ter as informações armazenadas se elas não puderem ser processadas em tempo hábil.

Manter um servidor de banco de dados para atender um grande número de transações *on-line* 24 horas, como devem ser as aplicações de *Internet Commerce*, torna-se imprescindível. Quando se fala em *Internet Commerce*, três elementos fundamentais de infra-estrutura têm impactos diretos na percepção do usuário que está procurando o *site*: escalabilidade, disponibilidade e desempenho.

A primeira subentende maior volume de consultas e transações e deve ser feita com o aumento da capacidade computacional do servidor. A segunda refere-se à disponibilidade 24 horas de manutenção do *site*. Procedimentos de *back-up* e recuperação não podem comprometer o negócio. A última, segurança, deve-se a recursos que incluam armazenamento criptografado e controle rígido, devendo fazer parte das especificações de ambiente e do banco de dados que será usado em *Internet Commerce*.

Database Marketing

Database marketing é uma técnica na qual se utilizam todas as informações disponibilizadas pelos bancos de dados, assim como outras complementares, para aperfeiçoar e realçar os esforços de *marketing*, avaliar novos mercados e produtos e serviços potenciais. Esta técnica se baseia em uso extensivo dos recursos e ferramentas dos bancos de dados.

Técnicas de *database marketing* permitem que empresas de eventos organizem todas as informações relevantes dos participantes para sua estratégia de marketing. O conhecimento do cliente, no tocante às suas preferências, freqüência em eventos, permitem tomadas de decisões inteligentes na locação de recursos, no *mix* de comunicação, nos canais de distribuição e na personalização para o cliente.

Automação Comercial

Na organização de eventos, a automação possibilita maior controle e agilização nos processos, pois avançados bancos de dados possibilitam geração de relatórios complexos com informações completas de todos os participantes do evento, podendo ser acessadas a qualquer momento.

Deve-se ainda salientar que, na etapa de organização de um evento definida como execução, o emprego de ferramentas de automação comercial, de códigos de barra e leitores ópticos na identificação dos participantes é imprescindível para a otimização das atividades e velocidade no atendimento dos participantes.

Além destas vantagens, a identificação de freqüência, assiduidade e outras características compõem elementos importantes na elaboração do *database marketing*, pelas informações disponibilizadas.

A disseminação de tele e videoconferências como diferencial tecnológico na apresentação e dinâmica das atividades de um evento permite nova perspectiva de participação e interação que ultrapassa os limites geográficos e políticos, possibilitando a criação de novos conceitos para o setor.

CONCLUSÃO

A tecnologia da informação é o principal agente das transformações sociais e culturais na atualidade e um dos resultados da disponibilização em massa das informações, bem como a velocidade com que esta se processa, consiste na concretização da globalização dos mercados. Isto se configura em uma revolução nas transações comerciais dos serviços e produtos, com a utilização da Internet para o comércio eletrônico, entre outras utilidades.

Novos desafios surgem à atividade turística e para os profissionais que nela atuam, que buscam no turismo sua fonte de realização profissional. Novos conhecimentos devem ser absorvidos de modo a complementar a formação e atuação profissional. Não basta apenas o conhecimento de ferramentas operacionais em informática, mas como esta pode auxiliar na busca de maior qualidade nos serviços e modernização nos processos organizacionais de um determinado evento.

Referências Bibliográficas

1. AMARAL, S. Marketing da informação eletrônica. *Ciência da Informação.* 23(2), 226-32, 1994.
2. CAMARÃO, P.C.B. *Glossário de Informática.* Rio de Janeiro, Livros Técnicos e Científicos, p. 732, 1989.
3. MARTINS, V.R.; AGUSTIN, J.F. *A Tecnologia de Informação e Mudança Organizacional.* Rio de Janeiro, Infobook, p. 391, 1995.
4. LONGO, W.P. Tecnologia e transferência de tecnologia. In: *A Defesa Nacional.* Brasília, Instituto de Pesquisa e Desenvolvimento do Exército, p. 120, 1996.
5. TOFFLER, A. *Powershift. As Mudanças do Poder: Um Perfil da Sociedade do Século XXI pela Análise das Transformações na Natureza do Poder.* Rio de Janeiro, Record, p. 613, 1990.
6. TRIGO, L.G.G. *Turismo e Qualidade: Tendências Contemporâneas.* Campinas, Papirus, p. 120, 1999.

Capítulo 3

Uso da Internet no Planejamento e Organização de Eventos Científicos

Dione dos Santos Pereira
Anatália Saraiva Martins Ramos
Maria do Socorro Gondim Teixeira

Resumo

Este trabalho analisa o papel da tecnologia da Internet como estratégia de comunicação e informação para a organização de um evento do tipo congresso, por meio da metodologia de estudo de caso. Apresenta-se, inicialmente, a revisão teórica e conceitual. Depois, é analisado um caso propriamente dito, focalizando a Internet, com a utilização da "www" (web) e do correio eletrônico (e-mail) nas etapas de organização do evento e são discutidos os vários aspectos pertinentes. Espera-se que a iniciativa deste trabalho possa contribuir para a melhor utilização estratégica de tecnologia da informação e seja uma primeira referência para outros eventos similares.

Palavras-chave: *Tecnologia da informação; congressos; internet; web; e-mail; estratégia de comunicação; planejamento e organização; estudo de caso; ENANPAD.*

INTRODUÇÃO

O mercado de eventos é um dos mais disputados do mundo, com investimentos de bilhões de dólares. Percebe-se que a evolução do setor segue de perto a evolução da tecnologia, sobretudo a Tecnologia da Informação. Se os eventos reúnem pessoas com objetivos em comum, sendo, em si mesmos, instrumentos de comunicação, o uso da tecnologia da informação reforça seu papel, ao mesmo tempo em que cria uma maior aproximação com o público-alvo e o produto, ou entre participantes de uma área de conhecimento, como geralmente acontece com o congresso.

Este trabalho tem por objetivo analisar o papel da tecnologia da informação, sobretudo da Internet, como estratégia de comunicação e informação para a execução de um evento do tipo congresso. A metodologia adotada é a de estudo de caso (*case study research*), que se caracteriza por ser mais apropriada ao estudo da complexidade de fenômenos organizacionais. Foram adotadas duas técnicas de pesquisa: a de observação direta, pela análise do *site* do evento na Internet e a realização de entrevista não-estruturada com uma das principais responsáveis pela execução e organização do evento. A escolha do caso recaiu em um renomado congresso científico na área de Administração, o ENANPAD (Encontro Nacional da Associação Nacional dos Programas de Pós-Graduação em Administração), que anualmente engloba cerca de 700 pesquisadores e professores de pós-graduação no Brasil e, em 2000, usou a estratégia de comunicação da Internet pela primeira vez.

Apresentam-se, inicialmente, os conceitos de evento e de congresso, ressaltando-se a importância do mercado de eventos para o setor de turismo. Ainda na parte conceitual, os conceitos de tecnologia da informação (TI) também são apresentados. A segunda parte do trabalho analisa o caso propriamente dito, focalizando como a Internet, através da utilização da "www" (*web*) e do correio eletrônico (*e-mail*), esteve presente em todas as etapas de organização desse evento e discutiu os seus aspectos. Espera-se que a iniciativa deste trabalho possa contribuir para a melhor utilização estratégica de TI e seja uma primeira referência para outros eventos similares.

Revisão Teórica

O setor de turismo de eventos surgiu da necessidade de ocupar espaços econômicos como hotéis, centros de convenções, transportes ferroviários, rodoviários e aéreos e agências de viagens. Transformou-se em um dos ramos mais promissores no que tange à taxa de retorno de investimentos. Como conseqüência, após a década de 1980, multiplicaram-se os centros de convenções e tornou-se mais segmentado o mercado. No setor hoteleiro, algumas alterações foram feitas para criar ambientes próprios para eventos.

Conceitualmente, *evento* é um processo de venda comercial ou institucional e a sua comunicação constitui o principal objetivo de sua existência.[2] Evento também pode ser definido como um instrumento estratégico, diretamente ligado ao marketing e que reúne pessoas interessadas em um mesmo objetivo. É um veículo aproximativo, pois permite qualquer aproximação entre o público-alvo e a instituição. Sua eficácia está na dependência do uso adequado de um sistema eficiente de comunicação.[9]

De outra maneira, evento é a soma de ações previamente planejadas com o objetivo de alcançar resultados definidos junto ao seu público-alvo. Há necessidade do planejamento, visto que o evento se realiza em consideração a um fato ou acontecimento e às estratégias necessárias para viabilizá-lo, de acordo com interesses e expectativas de um cliente ou promotor, tendo em vista os objetivos a serem alcançados junto a um determinado público. Os eventos podem ser classificados, do ponto de vista das organizações, em institucionais e promocionais (comerciais). De forma mais abrangente, são considerados folclóricos, cívicos, religiosos, políticos, sociais, artísticos, científicos, culturais, desportivos e técnicos.[6]

Para a finalidade deste trabalho, o tipo de evento analisado é o congresso. De acordo com Ferreira,[9] "o congresso é um tipo de evento em que se discutem temas diversos de uma mesma área de conhecimento, organizado por uma entidade setorial, de classe ou associação. O congresso funciona e se desenvolve por meio de reuniões: painel, mesa-redonda, conferência, cursos e outros. As conclusões ou recomendações de um congresso são sempre submetidas à apreciação e decisão em uma sessão chamada plenária ou assembléia".

A ICCA (*Internacional Congress and Convention Association*) registrou, em 1997, 39 congressos e encontros de caráter mundial, com a presença de 27.279 participantes. Estimam-se gastos médios de US$ 1.055 por participante ao dia. Em média, um evento movimenta US$ 3,4 milhões, o que perfaz uma receita mundial da ordem de US$ 7,62 bilhões.[10] No Brasil, o mercado de eventos tem pouco mais de 50 anos e, levando-se em conta as feiras industriais, há um movimento estimado de US$ 35 bilhões.

Organização de um Evento

A organização de um evento está ligada ao seu planejamento: objetivo, público-alvo, estratégias, recursos, implantação, fatores condicionantes, acompanhamento e controle, avaliação, orçamento previsto. Para facilitar o trabalho recomenda-se a divisão do planejamento em três etapas: pré-evento, evento e pós-evento. O pré-evento compreende escolha da comissão organizadora, definição do público-alvo, escolha do local e estudo de toda a infra-estrutura necessária para a realização do evento. Concluída a preparação, o evento finalmente torna-se concreto. Nesse momento, os participantes devem confiar que serão prontamente atendidos por qualquer membro da equipe de organizadores. Isto implica em executar todo o cronograma planejado, evitando inconvenientes. Na etapa pós-evento, são desenvolvidas as tarefas finais, como remessa de certificados, edição de anais, prestação de contas às entidades patrocinadoras. É importante manter um banco de dados que permita revisões e avaliações do trabalho executado, gerando informações sobre fornecedores, convidados e outros contatos.

Estratégias de Comunicação

O evento é um processo tático de venda comercial ou institucional e a comunicação é seu principal objetivo. Deve-se ter como meta a definição das mensagens e dos meios através dos quais será informado e motivado o público-alvo. Para cada segmento de público, há de ser elaborada uma estratégia de comunicação. A melhor opção a ser adotada pela empresa é aquela que traz como resultado um custo mais baixo por produto vendido ou por cliente potencial atingido. A opção ideal é aquela que reserva várias ferramentas da comunicação dirigida.[2]

Os meios de comunicação devem estar em consonância com a natureza da mensagem e as características do público: jornais, revistas, rádios e televisão (mídia de massa); cartazes informativos e motivacionais, uma das formas mais empregadas na divulgação de congressos; mala direta, para informar e motivar diretamente o público de interesse já identificado, por meio de folhetos, cartas especiais e até amostras de produto funcionalmente como *teasers* e uso de Internet, principalmente com o envio de *e-mails* e divulgação de informações por *homepages* institucionais e *websites*.

Todas as mensagens, qualquer que seja o meio utilizado, devem manter uma relação de harmonia. A adoção de um determinado meio de comunicação não é fator excludente de outras formas de comunicação. Assim, é recomendada a adoção, simultânea ou sucessiva, de dois ou mais meios de comunicação.

Tecnologia de Informação e sua Utilização Estratégica nas Organizações

Segundo Ramos,[11] a Tecnologia de Informação (TI) é definida como um conjunto das tecnologias que possibilita o uso intenso da informação e engloba um grande leque de equipamentos, aplicações, serviços e tecnologias básicas. Abrange duas categorias primárias crescentemente interdependentes: computadores e comunicações. No que diz respeito ao uso em organizações, a TI pode ser um dos fundamentos para se obter competitividade e eficácia empresariais.

O crescimento do emprego da informação, tanto internamente nas organizações quanto embutido nos produtos e serviços oferecidos, assim como o crescimento de empresas atuando na área, levam a considerar que hoje se vive a *era da informação.*[5]

Do ponto de vista tecnológico, está acontecendo a crescente sistematização ou uso intensivo dos sistemas de informações e, por sua vez, as telecomunicações estão evoluindo para a digitalização dos sistemas e equipamentos. Ademais, custos decrescentes de *hardware* aumentam a faixa de aplicações economicamente viáveis. Por tudo isso é que se afirma a existência de uma "sociedade da informação" e que evolução e integração proporcionam a denominada "gestão digital", visto que ambas as tecnologias estão convergindo para esta interligação, no sentido da sistematização e digitalização dos computadores e das comunicações (C&C), a essência da TI.[11]

Os pilares da sociedade da informação estão baseados na tecnologia de informação e nos valores intangíveis, que são a informação, o tempo de entrada no mercado, a visão estratégica, o conhecimento, a inovação e a imagem.[12]

Uma característica das atuais empresas bem-sucedidas é a ênfase em desenvolver processos capazes de perceber e responder às necessidades em constante mudança do cliente ou do mercado como um todo. A consideração corrente é que a TI tem dirigido muito desta mudança dramática, por reduzir vastamente as restrições impostas em termos de tempo e espaço em adquirir, interpretar e agir sobre a informação (Haeckel e Nolan, 1993[11]). O barateamento da TI tem possibilitado que praticamente todos os tipos de organizações possam fazer uso de sua potencialidade, abrindo possibilidades de aplicações economicamente viáveis.

No processamento de informações, as tecnologias de informação apresentam as seguintes vantagens para as organizações: processam informações mais rapidamente; manipulam grandes volumes de processamento; fazem processamentos complexos; processam informações mais confiáveis, isto é, com menor chance de erros; fazem com que o custo do processamento seja menor que o sistema manual; melhoram o escopo e qualidade da administração da informação.

A Internet é uma rede internacional composta de um vasto conjunto de computadores e sistemas de comunicação fornecendo transferência de arquivos de *softwares*, imagens, sons e textos. Dados atuais sobre o número de internautas indicam a existência de aproximadamente 170 milhões de usuários conectados à rede, sendo que EUA e Canadá juntos totalizam cerca de 90 milhões e a América do Sul responde por volta de 5 milhões, mais de 40% somente no Brasil.[11] Tal dimensão de conectividade impulsiona uma oportunidade sem paralelo para comunicação, colaboração, compartilhamento de recursos e acesso à informação.

Os serviços básicos da Internet são correio eletrônico, fóruns de discussão com vários grupos e temas, pesquisa de informações em base de dados, comércio eletrônico e a *World Wide Web* ou *Web* (Teia Mundial). Com manutenção e administração totalmente descentralizadas, seu aspecto mais visível na sociedade atual são o correio eletrônico (*e-mail*) e a *World Wide Web* (WWW ou *Web*), um conjunto de páginas (*homepages*) que poderiam ser definidas como documentos digitais e possibilitam englobar todo tipo de informação. Estas tecnologias trouxeram para a Internet a era da interface gráfica e de multimídia, além de terem uniformizado os diferentes protocolos de serviço existente na rede.

Muitas organizações agora necessitam de acesso à Internet, porque a conexão poderá reduzir drasticamente o custo de acesso às informações, melhorar significativamente a performance operacional e incrementar a capacidade de comunicação e colaboração. Neste caso, deve-se enfatizar a importância de se combinar o melhor da computação distribuída (*Web*) com o melhor da tecnologia de gerenciamento de informações de banco de dados (SGBD). Ramos[11] enfatiza que o uso de Tecnologia de Informação possibilita novas formas de organização que transcendem os limites da empresa tradicional. A nova forma de organização chama-se "integração eletrônica". A velocidade e maior confiabilidade nas trocas de informações reduzem os custos operacionais da organização do congresso e as implicações para com os intermediários (companhias aéreas, hotéis, operadoras, receptivos, entretenimento, guias etc.) se intensificam.[3] Hoje, pode-se afirmar que a Internet tem possibilitado um redesenho organizacional e a organização de eventos tem-se alinhado com estas tendências tecnológicas, como mostra a análise do caso do 24º ENANPAD.

Estudo de Caso do 24º ENANPAD

A ANPAD (Associação Nacional dos Programas de Pós-Graduação em Administração) foi fundada em setembro de 1976, fruto da necessidade de organização dos esforços coletivos voltados para o aperfeiçoamento da Pós-Graduação em Administração no Brasil.[1] Ela busca coordenar as atividades da área junto aos órgãos governamentais e às demais áreas e contribuir para a discussão e manutenção de padrões de excelência, por meio de várias ações:

- Criando metas e estímulos, tanto para os cursos de pós-graduação já consolidados como para aqueles em formação;
- Promovendo a integração entre os vários cursos por meio de assembléias gerais, que periodicamente congregam os coordenadores de programas ou pela realização dos ENANPAD, que põem em contato pesquisadores de diferentes interesses e pelo suporte a encontros temáticos específicos;

- Facilitando o intercâmbio entre alunos e docentes e fomentando pesquisas e sua publicação na RAC ("Revista de Administração Contemporânea") e nos Anais dos ENANPAD.

A edição do 24º Encontro anual da ANPAD-ENANPAD, realizada de 10 a 13 de setembro de 2000 em Florianópolis (SC), apresentou uma novidade em sua estratégia de comunicação: os trabalhos científicos foram encaminhados apenas pela Internet, por meio do *website* (www.anpad.org.br), e todas as comunicações foram efetuadas por correio eletrônico.

Com o auxílio de uma consultoria na área de *webdesign*, a ANPAD elaborou uma *homepage*, que proporcionou menor custo operacional do envio, apreciação e divulgação dos resultados dos trabalhos submetidos à Comissão Julgadora do ENANPAD. Todas as mensagens passaram a ser divulgadas pela Internet e reforçadas com cartazes informativos e motivacionais, enviados para as entidades-membro.

Aspectos do Uso da Internet no ENANPAD: Estado da Arte, Limitações e Tendências

A *homepage* da ANPAD é simples, construída em linguagens de hipertexto, contendo muitas informações pertinentes à comunidade-alvo. Como pontos fortes, permite acesso rápido e sem intermediários ao usuário a respeito de todas as informações do evento, é objetiva e mostra com clareza os assuntos de interesse. A tela principal possibilita navegar por todas as informações necessárias para se conhecer o que é a ANPAD e cada encontro realizado, especificamente. Podem-se também verificar trabalhos científicos de edições anteriores. Os *links* "apresentação", "diretoria" e "associar-se" ampliam o nível de conhecimento da entidade e expõem nitidamente seus objetivos e forma de funcionamento.

O evento do ENANPAD foi inteiramente organizado pela Internet, desde o sistema de submissão de trabalhos, enviados pelos participantes exclusivamente *on-line*, seguido pelo recebimento, pelos avaliadores ou pareceristas (*peer-review*) dos artigos submetidos a cada área temática, segmentada, até a divulgação do resultado dos trabalhos aprovados. Cada candidato recebeu um código, ao enviar o trabalho, que funcionou como senha de acesso para que ele pudesse acompanhar todo o processo de seleção. A comunicação entre a comissão organizadora do evento e os participantes foi feita por *e-mail* e todos os congressistas receberam uma correspondência eletrônica confirmando sua inscrição, o que trouxe maior interatividade e "customização" no relacionamento entre organizadores e participantes do evento.

A comissão organizadora ofereceu aos congressistas o serviço de um suporte técnico e manteve plantão nos horários comerciais, para auxiliar os candidatos com dificuldade no uso da Internet. No último dia de envio dos trabalhos, funcionou um plantão 24 horas, para tirar dúvidas dos congressistas.

Ainda na fase pré-evento, a estratégia de comunicação via Internet proporcionou inúmeras vantagens para a comissão organizadora, maior agilidade no envio e recebimento de informações, na manipulação de grandes volumes de processamento, no custo do processamento de informações em comparação ao sistema tradicional. Na edição anterior, de 1999, quinze dias antes do término do prazo de envio de trabalhos, havia chegado, pelo correio, apenas 49 trabalhos. No último dia, foram postados 851, totalizando 900 trabalhos inscritos ao final do processo de julgamento, cada qual contendo cerca de 15 páginas e em quatro vias, num total de 54 mil páginas.

A Internet agregou, também, maior confiabilidade e interatividade no relacionamento entre a ANPAD e os parceiros ou fornecedores (hotéis, companhias aéreas, patrocinadores, infra-estrutura local etc.), que realizaram suas reuniões de negociações pela Internet. De forma geral, houve uma sensível melhora no escopo e na qualidade da administração da informação.

Na fase do evento, toda a organização local obteve apoio informatizado. Os computadores da ANPAD foram transferidos para o local do congresso para inscrições, confecção de crachás e checagem de congressistas. Vários computadores com acesso à Internet permaneceram à disposição dos participantes, um deles alocado para que os congressistas avaliassem o evento, permitindo à comissão organizadora corrigir possíveis falhas de planejamento. A agilidade no processo de submissão dos trabalhos possibilitou, já no primeiro dia do evento, o lançamento do CD-ROM e do livro contendo os resumos dos trabalhos selecionados para o congresso.

Na fase pós-evento, toda a prestação de contas junto a comissão organizadora e demais parceiros foi feita pela Internet.

Conclusão

Dentre os aspectos positivos do uso da tecnologia da informação no 24º ENANPAD, a eliminação da enorme quantidade de papel na fase pré-evento foi considerada fundamental para a agilidade do processo de submissão dos trabalhos. Na edição de 2000, praticamente não houve volume de papel.

O aumento do poder do consumidor pôde ser percebido por meio do atendimento personalizado, com os congressistas selecionando a informação desejada e usando a *homepage* da ANPAD para satisfazer suas necessidades específicas.

Outro aspecto positivo do uso da Internet foi a progressiva "desintermediação", pois qualquer participante pôde comunicar-se facilmente com o ENANPAD. A distribuição eletrônica dos artigos científicos selecionados para o ENANPAD reduziu as barreiras de entrada, o que facilitou o acesso à produção científica da ANPAD e barateou o envio de trabalhos.

Os principais problemas encontrados pela comissão, na implantação dessa nova estratégia de comunicação, estão relacionados com atitudes e maneiras de trabalhar, além de boa parte dos congressistas ainda não dominar o uso da Internet. A disponibilização de um suporte técnico, com plantão no horário comercial, para atender dos usuários com dúvidas, foi o meio escolhido para contornar a situação.

A adoção da tecnologia da informação como estratégia de comunicação para planejamento e organização de eventos é extremamente importante para a competitividade e imagem da ANPAD no meio científico, que busca agregar maior valor para seus membros associados, incorporando permanentemente a modernização em tecnologia de informação.

As tendências no campo das TI parecem indicar que a organização de eventos irá cada vez mais utilizar a Internet, visando integrar a comunidade de interesses dispersos geograficamente, por meio de plataformas que permitam interoperabilidade e conectividade das redes computacionais.

Referências Bibliográficas

1. ANPAD. Homepage: www.anpad.org.br, acessada em 5 de abril de 2000.
2. CANTON, M. Evento: da proposta ao planejamento. In: *Turismo: Visão e Ação*, 1(1), 101-113, São Paulo, 1998.

3. CARTER, R. *Tecnologia de informação e a Distribuição de Produtos de Turismo*. Palestra proferida no Congresso Regional de Turismo, Recife (PE), 21 de outubro de 1999.
4. CARVALHO, C.L. Turismo, eventos e governo. In: *Turismo em Análise*, ECA-USP, 8(1), 7-12, São Paulo, 1997.
5. CASTELLS, M. *Sociedade em Rede*. São Paulo, Paz e Terra, 1999.
6. CESCA, C.G.G. *Organização de Eventos e Governo*. São Paulo, Summus, 1997.
7. CUNHA, R.B. Entrevista por e-mail e telefone. PUC-Rio, abril de 2000.
8. EMBRATUR. *Estudos da Demanda Turística Internacional*. Distrito Federal, Ministério do Esporte e Turismo, 1999.
9. FERREIRA, W. Eventos como veículo de comunicação dirigida aproximativo. In: *Turismo em Análise*, ECA-USP, 8(1), 13-17, São Paulo, 1997.
10. GONÇALVES FILHO. *Informativo da FV&VB*. Florianópolis, 2000.
11. RAMOS, A.S.M. *Estratégias de Uso de Tecnologias de Informação*. Universidade Federal do Rio Grande do Norte, Programa de Engenharia de Produção, p. 69, 1999.
12. RODRIGUEZ, M.V.; FERRANTE, A.J. *Tecnologia da Informação e Mudança Organizacional*. Rio de Janeiro, IBPI, 1995.

Capítulo 4

Redes Interorganizacionais e Captação de Eventos

Clézio Gontijo Amorim

Resumo

O turismo assumiu uma importância central na economia de muitos países. Dentro da realidade de segmentação do turismo, o setor de eventos se destaca como a sua mais importante ramificação. Esse trabalho analisa a rede interorganizacional como estratégia adotada pelo Centro de Convenções de Curitiba para desenvolver a sua captação de eventos. O resultado mostra a estrutura da rede de eventos em Curitiba, bem como indica um incremento considerável na captação, em função de um maior número e de melhores parcerias estabelecidas entre o trade.

Palavras-chave: *Rede interorganizacional; evento; captação; estratégia.*

INTRODUÇÃO

O turismo assumiu, no final do século XX, uma importância central na economia de muitos países. É considerado, por muitos autores, uma das atividades econômicas mais importantes do planeta e uma das mais fortes fontes geradoras de emprego e distribuidoras de renda. As tendências mostram que a evolução desse segmento não pára por aqui. As reflexões que se fazem em torno do tema se potencializam diante da diversidade de questões que atualmente aparecem – econômicas, socioculturais, estratégicas, de espaço, sustentabilidade, segmentação do mercado etc.

Segundo Lebre e Castañer,[13] a evolução do turismo nos últimos anos demonstra uma tendência de expansão nas tipologias dos tempos e dos espaços ocupados, tendência que procura responder a uma progressiva segmentação da procura, organizada em torno de motivações múltiplas. Para as autoras, essa tendência exige novas abordagens e soluções.

Dentro dessa realidade de segmentação do turismo, o segmento de eventos se destaca como a sua mais importante ramificação. Em entrevista à revista "Eventos", Sevieri[23] declarou que "a importância da união das entidades para aprimorar o Brasil como um mercado receptivo importante e de qualidade frente aos mercados internacionais" deve ser preocupação de todo o segmento. Essa declaração parece direcionar para o uso de redes interorganizacionais como alternativa estratégica na captação de eventos, tanto regional como internacional.

Uma das variáveis de grande importância para o sucesso de qualquer evento são as parcerias realizadas. Segundo Peres[21], neste milênio não haverá lugar para o empresário individualista. Seguindo a mesma estratégia, Mokidissi[16] percebeu a necessidade de reunir o *trade* turístico de Brasília e unificar a linguagem, para encontrar mecanismos capazes de promovê-la como destino nacional e trazer negócios para ela. Uma das estratégias de expansão do turismo em Brasília foi a expansão do segmento de eventos.

Pelas breves considerações precedentes, pretendeu-se com esta pesquisa identificar a rede de relações interorganizacionais entre os componentes que movimentam o segmento de turismo de eventos em Curitiba (PR), a partir do componente focal *Centro de Convenções de Curitiba,* estabelecido *a priori*. O trabalho procura identificar também a influência dessas relações na captação de eventos para o Centro de Convenções de Curitiba.

Relações Interorganizacionais – Redes

As organizações como sistemas abertos devem atingir uma relação apropriada com o ambiente, caso queiram sobreviver (Morgan[17]). Um dos fatores ambientais mais importantes para as organizações são as outras organizações (Aldrich[2]). Atualmente é impossível pensar em organizações que não mantenham relações umas com as outras. Tais relações podem ir além de simples trocas oportunísticas e alcançar relações com maior grau de comprometimento e confiança. Vale ressaltar que a colaboração entre as organizações é tão comum quanto a competição (Morgan[17]), principalmente no segmento de eventos, no qual a especialização das empresas fez surgir várias áreas de atividades que se complementam (agências de viagens, alimentação, assessoria de imprensa, centro de convenções, comunicação social e visual, editora, entretenimento e lazer, estacionamento, filmagem, floricultura, hotelaria, locação de equipamentos, montagem de estandes, organização e promoção de eventos, segurança, tradução, transporte etc.). Essas empresas precisam umas das outras para buscar recursos de que necessitam para sobreviver.

As relações sobre a base de troca, caracterizada pelos ganhos mútuos entre os membros, representam a perspectiva mais dominante nas relações interorganizacionais, principalmente porque são estabelecidas voluntariamente entre seus componentes. Nessa base, as mais freqüentes são as de interdependência de recursos, intensas e de programas conjuntos. Para Aldrich[2], a intensidade das relações depende da magnitude dos recursos organizacionais investidos na relação. Parece ser o tipo de relação que ocorre no segmento de eventos, principalmente programas conjuntos, em que as companhias aéreas e os hotéis investem volume maior de recursos, como tarifas e hospedagem a custo zero ou promocionais, na divulgação do evento.

A partir do número de organizações que interagem e da direção dessas interações, as relações interorganizacionais podem ser diádicas, conjuntos organizacionais e redes organizacionais (Aldrich[2] e Baker[5]). Relação diádica é a mais simples entre as organizações e ocorre quando o relacionamento envolve somente duas organizações. O segundo tipo é o conjunto interorganizacional, formado por várias relações diádicas, controladas por uma organização no centro do conjunto, que se denomina órgão focal. O órgão focal mantém relações diádicas com os demais elementos do conjunto. A última forma é a rede, que consiste no relacionamento entre todas as organizações dentro de uma população (Fig. 4.1).

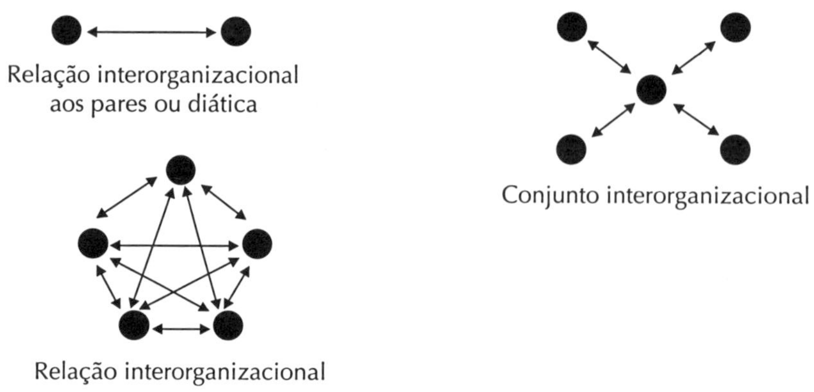

Figura 4.1 – Tipos de relações interorganizacionais. (Adaptado de Van de Ven e Ferry, p. 298, 1980 *apud* Hall, p. 172, 1984.)

A rede organizacional se edifica sobre fortes bases relacionais entre as organizações que a compõem. A hierarquia interorganizacional não é mais usada como principal meio de comunicação, coordenação ou iniciação de ação. Entre as organizações há partilha e colaboração, em oposição à propriedade e ao territorialismo, confiança em oposição à desconfiança, autoridade do conhecimento em oposição à posição hierárquica.

As redes proporcionam às estruturas formais e rígidas do passado flexibilidade organizacional suficiente para responder às turbulências e incertezas ambientais. Surge uma nova forma de organização, capaz de preencher o progressivo distanciamento entre as exigências ambientais e a incapacidade das organizações de extraírem sozinhas os recursos necessários para o seu desenvolvimento, e que se caracteriza mais por *normas relacionais* entre as organizações do que por *cadeias hierárquicas*

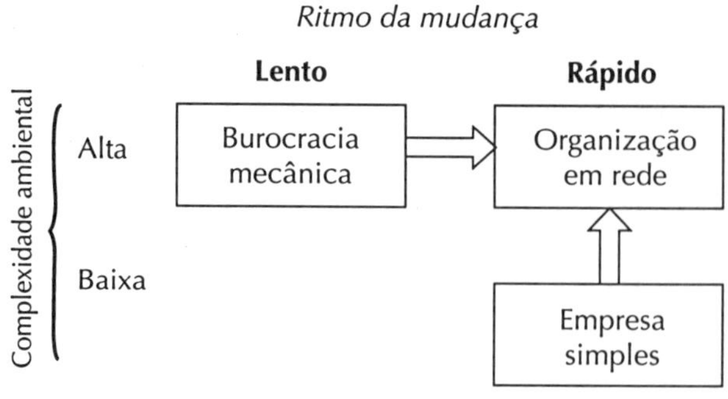

Figura 4.2 – Tendências para formação de rede. (Adaptado de Nadler et al., p. 23[19].)

(Nadler *et al.*[19]; Moura[18]; Achrol[1]; Chrisholm[9] e outros). Achrol ressalta que a hierarquia cria nível inaceitável de inércia organizacional, retardando o ritmo da mudança exigido pelo ambiente (Fig. 4.2).

A Figura 4.2 ilustra as tendências ambientais que estão acelerando as mudanças nas organizações em direção à formação de redes. Essa tendência pode ser percebida no segmento de eventos, no qual a complexidade ambiental é caracterizada por competitividade regional e internacional, tecnologia, aspectos econômicos etc. Um ambiente altamente complexo e marcado por mudanças rápidas resulta na necessidade de formas organizacionais mais flexíveis. Isto significa menos hierarquia, mais parcerias, mais colaboração intra e interorganizações e mais equilíbrio nas relações de dependência.

A relação entre os componentes dentro da rede tem forma e conteúdo. A forma é a medida da força das relações entre os componentes e o seu nível de envolvimento conjunto nas mesmas atividades (densa ou dispersa, simétrica ou assimétrica, intensa ou não e outras). O conteúdo é o tipo de relações que a forma representa (social, econômico, de amizade, de parentesco, de *status* e político) (Burt[6,7] e outros).

A visão holística que cada componente deve ter da rede parece fundamental para o seu sucesso. Lewis[14] ressalta que a rede deve ser considerada como uma única unidade competitiva, pois nem sempre as oportunidades podem estar dentro das suas fronteiras. Para Salancik[22] e Walker[24], uma teoria de rede deveria propor como a sua estrutura de interação permite aos seus membros coordenar suas ações para aumentar os interesses individuais (desenvolvimento da empresa) e coletivos (aumentar a captação de eventos para uma localidade).

O desenvolvimento da rede é um processo que se inicia com a fase do reconhecimento do problema (desenvolver o turismo de eventos em uma localidade, aumentar a captação de eventos etc.), passando pelo planejamento do desenvolvimento da rede, a visão do futuro, a convocação dos *stakeholders* (pessoa/organização que terá a função de unir os membros da rede) e finalizando com a organização para a ação (Chrisholm[9]).

Pode-se observar que muitas organizações ou destinos turísticos poderiam obter melhor desempenho se estivessem organizados em rede. A forma organizacional em rede contribui para que as organizações/destinos obtenham maior flexibilidade diante das pressões ambientais, como por exemplo a competitividade. Os relacionamentos interorganizacionais em rede também podem proporcionar maior comprometimento, confiança, solidariedade e harmonização de conflitos entre os seus componentes. Quando essas características relacionais estão presentes nos intercâmbios entre os membros de uma rede, todos parecem sair ganhando.

Segmento de Turismo de Eventos

O segmento de eventos desempenha papel importante para a atividade turística e para a economia como um todo (representa, aproximadamente, 3% do PIB Brasileiro). É o segmento da "indústria do turismo" que mais cresce em todo o mundo. Os participantes dos eventos injetam recursos na economia local, movimentam o comércio, a rede hoteleira, as agências de viagens, companhias aéreas e outras atividades. Estima-se que cada participante propicia gastos per capita/dia de US$ 240. Segundo Ansarah,[4] a duração média dos eventos é de cinco dias e os gastos são assim distribuídos: hospedagem (45%); passagem aérea (23,3%); restaurante do hotel (9,5%); outros restaurantes (14,6%); entretenimento (5,9%) e outros (1,7%).

O segmento de eventos passou a fazer parte também da política nacional de turismo, desenvolvida pelo governo federal. A tônica é a captação de eventos internacionais como estratégia para amenizar os problemas da sazonalidade em muitas regiões brasileiras. Algumas das metas do plano de captação de eventos internacionais são: realizar pesquisa sobre demanda e oferta de recursos humanos em turismo de eventos; criar banco de dados objetivando dinamizar o processo de captação de eventos internacionais para o Brasil; fomentar a criação de novos *Conventions Bureau* e participar nas Feiras Internacionais, promovendo os Centros de Convenções do país.

Os vários *Conventions Bureau* surgiram com o objetivo de incrementar o fluxo de turistas para eventos em determinados destinos. Segundo Ansarah,[4] o *Convention Bureau* atua como uma cooperativa. A lógica da formação de rede pode ser percebida nessa forma de organizar. Podem-se enumerar vários componentes da indústria receptiva, incluindo hotéis, restaurantes, estruturas para eventos, operadoras turísticas, atrações, transportadores, comércio local e outros. O *Convention Bureau* trabalha a imagem do destino junto a outras localidades. Sobrevive, em muitos lugares, com a cobrança de uma pequena taxa pelos hotéis, denominada *room tax*.

Para Canton[8], evento é a ação profissional que visa a pesquisar, planejar, organizar, coordenar, controlar e implantar um projeto buscando atingir o seu público-alvo com medidas concretas e resultados projetados. A autora ressalta que é uma ação planejada, porque o evento se realiza levando-se em consideração um fato ou acontecimento e as estratégias necessárias para viabilizá-lo, de acordo com os interesses e expectativas de um cliente ou promotor e os objetivos a serem alcançados junto a um determinado público.

O turismo de negócio está em constante crescimento. A Embratur (Instituto Brasileiro de Turismo) indica crescimento de 13% para viagens de negócios entre 1989 e 1995, enquanto as de lazer caíram 10%. Diante desse panorama, cresce vertiginosamente o campo de atuação do profissional de eventos.

Juntamente com o aumento desse mercado e o impacto econômico positivo (distribuidor de renda e gerador de emprego), o segmento de eventos se profissionaliza e as organizações envolvidas estão inseridas em ambiente de alta competitividade. "Nos próximos quatro anos, trabalharemos para fazer de Fortaleza um dos principais destinos de eventos do mundo", afirmou Anya Ribeiro, Secretária de Turismo do Estado do Ceará. O segmento de eventos é prioridade para a SETUR-CE (Secretaria de Turismo do Ceará). Uma das estratégias usadas é a formação de parcerias no desenvolvimento do Plano Estratégico de Ação, cuja responsabilidade cabe à SETUR-CE, FCVB (Fortaleza *Convention & Visitors Bureau*) e da ABEOC/CE (Associação Brasileira de Empresas de Eventos). Como agentes, somam-se ao grupo de trabalho o Centro de Convenções, os gerentes de eventos dos hotéis filiados à ABIH (Associação Brasileira da Indústria de Hotéis) e outros gestores de eventos do Estado.

Segundo relatório publicado pela *Embratur (1997)*, cerca de 60% dos eventos ocorrem na Europa, 20% nas Américas (com destaque para os EUA, que ocupam a primeira posição no *ranking* mundial) e os 20% restantes estão distribuídos pelos outros continentes. O Brasil está entre os dez maiores realizadores de eventos do mundo. É o 21º colocado como destino para encontros internacionais.

Em 1994 foram realizados, nos centros de convenções filiados à ABRACCEF (Associação Brasileira de Centros de Convenções), 2.394 eventos, sendo 84% de caráter regional, 13% de caráter nacional e apenas 3% de caráter internacional. As regiões que mais sediaram eventos foram a Nordeste, com 47,7% e a Sudeste, com 35,9%.

Os eventos podem ser de vários tipos. Os principais, segundo a ABRACCEF, são assembléias, conferências, congressos, convenções, cursos, debates, encontros, exposições, feiras, fóruns, jornadas, mesas-redondas, painéis, palestras, reuniões, seminários, *shows* artísticos, simpósios, solenidades etc. Segundo a sua tipologia, 22,1% dos eventos realizados foram *shows* artísticos, 20,1% reuniões e 15,6% solenidades, somando 57,8% do total. Esses eventos atualmente são distribuídos entre estruturas hoteleiras, centros de convenções, espaços alternativos e espaço para feiras.

Estudo de Caso

Metodologia

Essa pesquisa se caracteriza por ser predominantemente do tipo descritivo-qualitativa. O método qualitativo empregado foi o estudo de caso. O nível de análise da pesquisa é a rede organizacional construída a partir do membro focal - Centro de Convenções de Curitiba, estabelecido *a priori*. A unidade de análise são as relações entre o Centro de Convenções e as áreas de atividades necessárias para a realização de eventos.

O estudo foi desenvolvido com base nos seguintes passos:

- Pesquisa bibliográfica (livros, revistas e jornais);
- Coleta de dados, por meio de pesquisa no banco de dados do Centro de Convenções de Curitiba;
- Entrevista semi-estruturada com a Diretora de Eventos do Centro de Convenções de Curitiba;
- Análise de conteúdo da entrevista.

Análise dos Dados

O Centro de Convenções de Curitiba conta com um projeto arquitetônico moderno e compacto. São ao todo 8.246m^2 de área útil, distribuídos em cinco blocos e três pisos, ideais para todos os tipos de eventos (feiras, congressos, cursos, seminários etc.). Está localizado no centro de Curitiba, junto a uma ampla rede de serviços que inclui hotéis, restaurantes, pontos turísticos, agências bancárias e comércio em geral. A concepção, gestão e manutenção do Centro de Convenções de Curitiba são de responsabilidade do Governo do Estado.

O Centro de Convenções de Curitiba tem cinco áreas de exposições, sendo: Exposições Iguaçu (390m^2); Exposições Gralha Azul

(780m^2); Exposições Araucária (430m^2); Exposições Furnas/mezanino (730m^2) e Sala Vip (convidados especiais e reuniões privadas). Possui também cinco auditórios: Auditório Paraná (capacidade para 1.500 pessoas, palco com 219m^2, telão para projeção, sistemas para fixação de painéis e luzes e cortina eletrônica); Auditório Marumbi (900 pessoas); Auditórios Graciosa e Vila Velha (183 pessoas cada); Auditório Ilha do Mel (200 pessoas).

A atual gestão do Centro parece estabelecer uma estratégia de captação de eventos embasada na lógica de rede de relacionamentos interorganizacionais. Segundo a diretoria de eventos, 90% do sucesso do empreendimento deve-se justamente à qualidade dessas relações. Na gestão anterior, o Centro tinha 22 eventos; em 2000, a média foi de 115 eventos.

A preocupação para formar parcerias parece ser constante. O Centro de Convenções tem uma relação com 180 nomes de empresas de várias áreas, que repassam aos organizadores de eventos.

A rede de relacionamentos interorganizacionais da qual o Centro de Convenções de Curitiba é membro não se caracteriza pela formalidade. São várias empresas das áreas de organização e promoção de eventos, consultoria e treinamento, montagem de estandes, publicidade e propaganda, alimentação, hotelaria, agências de viagens, transporte, operadoras, comércio em geral e outras, que se conectam à medida que os eventos são captados. São relações de troca estabelecidas voluntariamente entre os membros da rede.

Percebe-se um relacionamento mais intenso com as companhias aéreas, hotéis e organizadores de eventos, mesmo porque são as empresas que investem maior volume de recursos na relação, sendo também os maiores beneficiados com a captação de eventos, pois 45% dos gastos do turista de evento se dão com hospedagem e 23,3%, com passagem aérea.

O conteúdo percebido representa relações econômicas nas quais o profissionalismo e a competência para a organização do evento são os principais requisitos exigidos e orientados pelo Centro de Convenções, nas suas relações. De acordo com a diretoria de eventos do Centro, o que ocorre atualmente são propostas de captação, com conotação comercial, econômica e administrativa, não um relacionamento político, como ocorria anteriormente. No caso de relações com base de parentesco, o Centro de Convenções orienta os promotores e organizadores, ressaltando que eventos mal organizados colocam em risco a imagem da cidade. Destaca-se que a organização de eventos é um trabalho para profissionais: ninguém aprende a realizá-los de uma hora para outra.

Várias características dessa forma de organizar podem ser identificadas nas ações da atual diretoria de eventos. Características como partilha, colaboração, comprometimento, confiança e autoridade de conhecimento fortalecem a rede de relacionamento do setor de eventos do Centro.

Conclusão

A análise da rede de turismo de eventos de Curitiba, a partir do Centro de Convenções, contribuiu para o estabelecimento de alguns padrões de relacionamento, estruturando a rede de relações. A rede se apresenta pouco formalizada e com um grupo central formado pelo Centro de Convenções e pelos organizadores de eventos. São os grupos que apresentam maior intensidade de relacionamento. O Centro de Convenções trabalha na captação de eventos para a cidade de Curitiba e conta com a estrutura das outras organizações do setor para operacionalidade. Na periferia da rede estão empresas como agenciamento de garçons, alimentação, comunicação, artesanato, entretenimento e lazer, estacionamento, filmagem, floricultura, locação

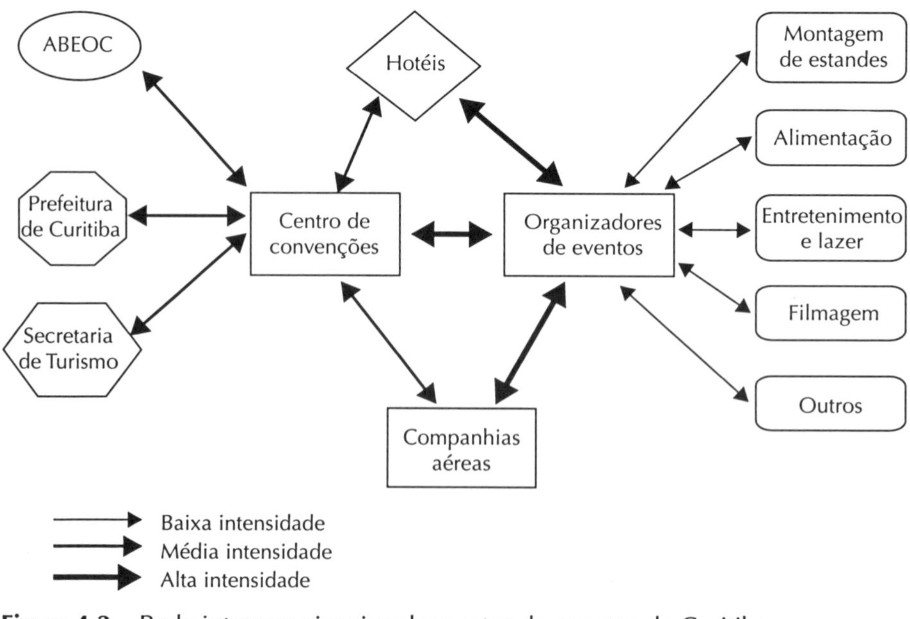

Figura 4.3 – Rede interorganizacional no setor de eventos de Curitiba.

de equipamentos, montagem de estandes e outras, com as quais o Centro não mantém relacionamento, mas sim os organizadores de evento. Em uma posição nem central nem periférica estão os hotéis e as companhias aéreas, que mantém relacionamentos com um grau de intensidade um pouco maior com os organizadores e com o Centro de Convenções, investindo um volume de recursos maior na atividade de captação de eventos (cortesias de passagem e hospedagem para promotores e organizadores, além de patrocínio) (Fig. 4.3).

A razão predominante identificada nos relacionamentos da rede foi a voluntária, caracterizando base de troca entre os seus membros, com interesses mútuos. O conteúdo predominante foi o econômico.

Dessa forma, a estrutura da rede de eventos de Curitiba parece resultar em um sistema de produção onde algumas características estão presentes, tais como comprometimento, confiança, partilha, solidariedade entre os membros, gerando mais negócios para a cidade. Resultado dessa parceria pode ser percebido nas estatísticas do Centro de Convenções: de uma captação de 22 eventos, em 1994, passou a 115 eventos, em 1999. Nesse ano, o índice de ocupação anual foi de 81,92%, com um público participante de 139.323 pessoas.

Referências Bibliográficas

1. ACHROL, Ravi S. Evolution of the marketing organization: new forms for turbulent environments. *Journal of Marketing*. Vol. 55, 77-93, October 1991.
2. ALDRICH, Howard E. *Organizations and Environments*. Englewood Cliffs, Prentice Hall, 265-349, 1979.
3. AMORIM, Clezio Gontijo e MACHADO-DA-SILVA, Clóvis. Interorganizational Relations: Network analysis of the Tourism Sector in a Brazilian Capital City. Balas 2000, 05-08/04/2000, Caracas, Venezuela.
4. ANSARAH, Marília G. dos Reis (Org.) *Turismo: Segmentação de Mercado*. São Paulo, Futura, 1999.
5. BAKER, Wayne E. The network organization in theory and practice. *Network and Organizations*. Harvard Business School, August 20-23, 397-429, 1990.
6. BURT, Ronald S. Positions in networks. *Social Forces*. Vol. 55, nº 1, september, p. 93-122, 1976.
7. BURT, Ronald S. *Toward a Structural Theory of Action: network models of social structure, perception, and action.* New York, Academic Press, 1982.
8. CANTON, Antonia Marisa. *Eventos*. São Paulo, SENAC-SP, 1998.
9. CHRISHOLM, Rupert F. Building a network organization to foster economic development. *International Journal of Public Administration*. V. 20, nº 2, 451-477, Feb. 1997.
10. CHRISHOLM, Rupert F. On the meaning of networks. *Group & Organization Management*. Vol. 21, nº 2, p. 216-235, Jun 1996.
11. DENCKER, Ada F. Maneti. *Métodos e Técnicas de Pesquisa em Turismo.* São Paulo, Futura, 1998.

12. EMBRATUR (1997). *Anuário Estatístico EMBRATUR.* Brasília, DF, 1997.
13. LEBRE, A. Maria e CASTAÑER, Margarita. Apresentação da revista Sociedade e Território. *Sociedade e Território.* nº 28, p. 6-7, 1998.
14. LEWIS, Jordan D. *Alianças Estratégicas: Estruturando e Administrando Parcerias para o Aumento da Lucratividade.* São Paulo, Livraria Pioneira Editora, 81-94, 1990.
15. MAGALLÓN, Tonatiuh Cravioto. Organización de Congresos y Convenciones. Mexico, Trillas, 1998.
16. MOKIDISSI, João Elias. Brasília Ilhada no Prestígio Político. *Revista dos Eventos.* Ano 1, Vol. 3, p. 7, 1999.
17. MORGAN, Robert M. e HUNT, Shelby D. The Commitment-Trust Theory of Relationship Marketing. *Journal of Marketing.* v. 58, 20-38, jul/1994.
18. MOURA, Suzana. A Construção de Redes Públicas na Gestão Local: Algumas Tendências Recentes. *Revista de Administração Contemporânea.* V. 2, nº 1, jan/abril, p. 67-85, 1998.
19. NADLER, David A; GERSTEIN, Marc S.; SHAW, Robert B. e Associados. *Arquitetura Organizacional: A Chave para a Mudança Empresarial.* Rio de Janeiro, Campus, p. 1-22, 1994.
20. ORGANIZACIÓN MUNDIAL DEL TURISMO. *El Capital Humano en la Industria Turística del Siglo XXI.* Madrid, España, 1997.
21. PERES, Raimundo. Dimensões e Perspectivas do Turismo da Nova Era. *Revista dos Eventos.* Ano 1, Vol. 3, p. 6, 1999.
22. SALANCIK, Gerald R. WANTED: a Good Network Theory of Organization. *Administrative Science Quarterly.* v. 40, p. 345-349, jun/1995.
23. SEVIERI, José Roberto. Notícias do Paraná - ABEOC se reúne em Curitiba. *Revista dos Eventos.* Vol. 3, p. 37, 1999.
24. WALKER, Orville C., Jr. The Adaptability of Network Organizations: Some Unexplored Questions. *Journal of the Academy of Marketing Science.* v. 25, nº 1, p. 75-82, 1997.

Capítulo 5

Melhorando as Relações entre Empresas de Eventos e Hotéis

Marcelo Schenk de Azambuja
Berenice Mércio Pereira

Resumo

Este artigo apresenta o trabalho realizado em um hotel da Serra Gaúcha. Foi aplicada uma pesquisa junto aos organizadores de eventos e, utilizando-se técnicas da qualidade e métodos estatísticos, puderam-se traçar ações de melhoria no relacionamento com esses clientes.

Palavras-chave: *Gerenciamento de hotéis; qualidade em serviços; eventos.*

INTRODUÇÃO

Mais que um modismo, muitas vezes mal-entendido, a qualidade em serviços está se tornando quase um "mantra". Gerentes de serviços e de *marketing* têm feito incursões no entendimento dos componentes da qualidade em serviços, particularmente no que se refere ao item "entrega" que, segundo Grönroos[8] e Denton,[5] são os momentos que acontecem durante as interações entre os clientes de serviços e os prestadores do serviço. Tal entendimento tem ajudado a melhorar o gerenciamento destas relações. Um dos clientes mais importantes são os organizadores de eventos, que representam um significativo percentual do faturamento dos hotéis.

Lamentavelmente, o gerenciamento deste cliente é dificultado pelas características das interações, que podem começar meses antes do evento e se estender até sua avaliação. O processo de "entrega" pode ser longo e envolver diversos recursos, contatos e pessoas da organização.

Os hotéis, como qualquer organização, podem empregar anos construindo uma imagem de bons serviços e respeito ao cliente, mas podem perdê-la tão rapidamente quanto um hóspede fecha sua conta. Um serviço mal prestado, um comportamento inadequado, uma promessa quebrada ou a inabilidade frente a uma pergunta difícil pode levar à perda de um cliente importante. Este impacto pode comprometer uma série de eventos já marcados ou denegrir a imagem das organizações - hotel, promotora e organizadora do evento - num mercado já tão competitivo.

Neste contexto, os hotéis só serão bem-sucedidos se forem ao encontro das necessidades de seus clientes, se possível superando-as e administrando positivamente as interações que ocorrem ao longo da cadeia de serviços de gerenciamento de eventos. Os serviços não devem ser vistos apenas em seu caráter intangível, pois dependem fortemente das evidências físicas. No caso dos hotéis em relação aos organizadores de eventos, deve-se concentrar nas facilidades, equipamentos, condições físicas, nível de serviço e atributos da qualidade.

Uma pesquisa sobre o comportamento de compra, realizada por alunos do Curso do Turismo da Pontifícia Universidade Católica do Rio Grande do Sul junto a empresas organizadoras de eventos de Porto Alegre e região metropolitana, indicou que os principais pontos são a configuração dos salões de eventos e a localização do hotel. O nível dos serviços e o pessoal foram menos importantes que a escolha do local; entretanto, serviços e pessoal foram apontados como os pontos mais importantes durante a realização do evento ("trans-evento"). Tais indicativos são apoiados pelas pesquisas de Heskett,[9] Beggs[3] e Azambuja.[2] Segundo Heskett,[9] investigações que se centrem nas causas de desempenho podem indicar maneiras mais eficazes de melhorar a prestação de serviços.

Ainda que muitas das situações de serviços ou interações entre as organizações e seus clientes venham sendo automatizadas, empresas de serviços têm estudado as interações do *service encounter,* os contatos ou série de contatos pessoa-a-pessoa que acontecem durante a prestação de serviços buscando melhorar seu desempenho. Jan Carlzon chamou estas interações de "momentos da verdade".[4]

Albrecht[1] indica quatro fatores importantes nestas interações: cuidado (atenção) e interesse, espontaneidade, solução de problemas e recuperação. Significa dizer que os clientes valorizam empregados que têm autonomia e discernimento. Já os atributos são aspectos caracterizadores dos serviços que, no caso de um hotel, envolvem conforto, confiabilidade, acessibilidade, conveniência, custo, rapidez, segurança, entre outros.

Qualidade em Serviços

Os conceitos de qualidade total encontram-se bastante disseminados em diversas áreas, reduzindo custos e buscando a satisfação total dos clientes. Porém, na prestação de serviços, esses conceitos ainda são um pouco incipientes.

Conforme Drucker,[6] o principal desafio para as organizações dos países desenvolvidos será aumentar a produtividade dos trabalhadores do setor de serviços. Tal desafio determinará a "*performance* da empresa para o futuro" e este aumento deverá ocorrer por intermédio de uma vantagem competitiva sustentável, que passa também por um bom projeto, processos adequados e proximidade com o cliente.

Grönroos[8] conceitua serviços como "uma atividade ou série de atividades de natureza mais ou menos intangível que normalmente... acontece durante as interações entre clientes e empregados de serviços... que é fornecida como solução ao problema do cliente".

Mensuração e avaliação da qualidade de serviços torna-se uma tarefa extremamente difícil: antecipar os desejos, necessidades e expectativas para um bom serviço, de caráter intangível, envolvendo o cliente que pode formar seu julgamento em bases idiossincráticas. Cada indivíduo reage de maneira muito particular aos agentes externos.

Podem-se listar os seguintes atributos considerados essenciais para uma boa prestação de serviço: eficiência e acurácia; consistência e constância; responsividade; confiabilidade; competência (capacidade); segurança; cortesia, compreensão e cuidado, preço justo, satisfação, encantamento e excitação. Entretanto, também as evidências físicas são importantes, sobretudo nos serviços hoteleiros, nos quais o cliente também busca conforto, limpeza, segurança, comunicação, entre outras, e qualquer falha na qualidade ofertada pode resultar na perda do cliente.

Uma das dificuldades quanto à busca da qualidade por empresas prestadoras de serviços é o próprio entendimento do conceito de qualidade em serviços. Albrecht[1] salienta: "A plena satisfação do cliente quanto à percepção em relação aos serviços prestados e a plena utilização de todos os meios para isto".

Considerando-se o cliente como ativo mais importante, é a partir dele que se devem definir as diretrizes para o aperfeiçoamento dos processos, iniciando o gerenciamento da qualidade em serviços pela prática de ouvir a voz do cliente. Neste sentido é que se utilizaram algumas das técnicas de QFD (Desdobramento da Função Qualidade).

É conveniente ressaltar, também, que a opinião do cliente, no caso dos serviços, é construída com base na experimentação e pode ser expressa na seguinte equação, adaptada de Lovelock[10]:

Experiência do cliente = pacote de serviços + ambiente + sistema de entrega

Onde:

Pacote de serviços: *O que leva o cliente a optar pela organização. O produto básico pode ser tangível (cama de hotel) ou relativamente intangível (show de rock). A maioria dos produtos apresenta ambas as características. Também é entendida como o mix de produtos ou serviços oferecidos.*

Ambiente: *Cenário ou local onde o serviço acontece. O termo servicescape, de landscape (paisagem, em inglês), é freqüentemente empregado. É utilizado para descrever os aspectos físicos "da cena" que contribuem para a impressão do cliente. Podem variar desde o uso de cristais e pratarias até o nível de limpeza, organização e comunicação visual.*

Sistema de entrega: *Consiste em uma parte tecnológica (sistemas de produção, informação, comunicação e administração) e uma parte humana, a mais importante, o empregado da linha de frente, o que interage com o cliente.*

Pesquisa

A técnica empregada foi a do incidente crítico desenvolvida por Flanagan.[7] A técnica do incidente crítico aproveita as impressões do cliente sobre os momentos da verdade durante a prestação do serviço. Foram coletadas observações diretas sobre a eficiência do pessoal dos hotéis. As entrevistas contaram com questionários estruturados, com respostas gravadas visando guardar, com maior fidelidade, as expressões usadas pelos organizadores de eventos para descrever o comportamento dos funcionários.

As entrevistas foram organizadas por semelhança e extraídas as expressões, que forneceram a base para análise e confecção das matrizes e sugestões de ações de melhoria sobre as características da qualidade.

Utilizaram-se também técnicas do QFD, ferramenta da qualidade que se utiliza de matrizes para desdobrar a voz do cliente, transformando-a em atributos, possibilitando o *design* ou a melhoria de um produto ou serviço.

Foram ouvidos seis organizadores de eventos, selecionados em função de seu tamanho de mercado, quantidade de eventos realizados, disponibilidade e localização, que realizam eventos no Hotel *A* da Serra Gaúcha.

Monitoramento dos Resultados

Departamentos ou cargos mais citados como críticos ou ineficientes: gerente de eventos (6), gerente de vendas (3), gerente de alimentos e bebidas (2), responsável de restaurante/copa (2), chefe da recepção (2), gerente de hospedagem (2), gerente operacional (3), chefe da manutenção (1), gerente geral (1), *guest relations*/relações públicas/*concierge* (2), diretor (1) e outros (1).

Aspectos Críticos do Comportamento

Com a análise e interpretação dos dados e o entendimento do trabalho de cada departamento ou cargo, levando em conta as confusões que os clientes fazem com a nomenclatura dos cargos e departamentos em hotelaria, puderam ser apresentadas algumas definições e exemplos para as dimensões pesquisadas, expressas na Tabela 5.1.

Tabela 5.1 – Definições e exemplos para as dimensões pesquisadas

Atributos críticos	*Definições*	*Ações de melhoria*
Comunicação	Métodos e técnicas de comunicação interna e externa entre todos os participantes. Pessoal do hotel, fornecedores e organizadores de eventos.	• Iniciar programas de comunicação periódicos entre os organizadores de eventos e o hotel. Com prazos antes, durante e após o evento. • Uso efetivo de tecnologias como fax, rádios, serviços de entregas etc., dentro e fora do hotel, para garantir o sucesso do evento. • Estabelecer canais de comunicação bem definidos dentro do hotel. • Designar pessoal para discutir, planejar e assistir o evento.
Organização	Missão, política e processos que conduzam à realização dos objetivos operacionais.	• Forte aplicação das políticas de reservas, preços, créditos etc. • Plano de participação nos lucros. • Reduzir *turn-over* e seus custos.
Execução	Desempenho e estratégias operacionais que melhorem a entrega, responsividade e acompanhamento do evento.	• Conhecer profundamente as necessidades/especificações do cliente. • Nunca sobrecarregar a capacidade física das salas ou supervalorizar as equipes do hotel. • Gerenciar a motivação das equipes do hotel.
Relações interpessoais	Profissionalismo, ética e relacionamento amigável entre organizadores de eventos e hotel.	• Melhorar interações e negociações, pois refletem na relação de confiança e imagem. • Respeitar/aderir aos códigos de ética e comportamento dos clientes e participantes dos eventos.
Iniciativa	Inovação e criatividade nos processos de entrega de serviços.	• Incentivar sugestões do pessoal do hotel e clientes em geral, que excedam as expectativas em todas as áreas (*layout*, estética, cardápios, equipamentos).

►

Tabela 5.1 – *(Cont.)* Definições e exemplos para as dimensões pesquisadas

Atributos críticos	*Definições*	*Ações de melhoria*
Gerenciamento da crise	Habilidade para gerenciar situações de emergência e ocorrências inesperadas e condições fora do controle do hotel.	• Melhorar processos de comunicação e envolver o maior número de contatos pessoais para garantir o sucesso do evento. • Treinar gerentes e equipe para solução de problemas (habilidades técnicas e psicológicas). • Treinar gerentes e equipes para emergências/sinistros. • Desenvolver e implementar planos de ação/ procedimentos para situações de emergência, incluindo treinamento dos empregados.

Dimensões e Táticas

De posse desses dados, pôde-se traçar uma matriz, bastante simplificada, para balizar as ações corretivas das táticas e dimensões que devem ser atendidas, que é apresentada na Tabela 5.2.

Tabela 5.2 – Dimensões e táticas

Táticas	*Dimensões*					
	Comunicações	Organização	Execução	Relações Interpessoais	Iniciativa	Gerenciamento da crise
Desenvolver um plano estratégico para eventos	☎	➲	👍	♥	✓	💣
Rever políticas restritivas		➲	👍			
Melhorar equipamentos de comunicação	☎		👍			💣
Autonomia dos colaboradores		➲	👍		✓	💣
Motivação	☎			♥	✓	
Redução de *turn-over*		➲	👍			
Treinamento de todas as equipes	☎	➲	👍			
Aprender sobre o trabalho do organizador de eventos	☎		👍		✓	
Treinamento e familiarização com o hotel para o organizador de eventos	☎	➲	👍			

Conclusão

Num mercado competitivo, é extremamente importante prestar bons serviços, evitando perdas ou aumento nos custos de captação de novos clientes. As ações para qualidade são de vital importância para a sobrevivência das organizações.

O uso de ferramentas de planejamento da qualidade é um bom apoio para a implementação de um sistema de administração pela qualidade. O sistema deve buscar a melhoria por intermédio de pesquisas junto aos clientes, conferindo-lhes um papel de destaque na organização. Tais ferramentas têm uma vantagem importante, que é manter a visão sistêmica sem perder a visão das partes, possibilitando priorizar ações.

O mercado hoteleiro e de eventos necessita acompanhar este movimento histórico, contribuindo assim para seu crescimento e desenvolvimento.

Referências Bibliográficas

1. ALBRECHT, K. *Serviços com Qualidade: A Vantagem Competitiva*. São Paulo, Makron Books, 1992.
2. AZAMBUJA, M. S. *Quality in Services*. CARS & FOF 99 ISPE, 1999.
3. BEGGS, T. *Buyer Behavior: an exploratory study*. Westport, CT, AVI Publishing, 1996.
4. CARLZON, J. *A Hora da Verdade*. Rio de Janeiro, COP, 1990.
5. DENTON, K. *Qualidade em Serviços*. São Paulo, McGraw-Hill, 1990.
6. DRUCKER, P. *Administração para o Futuro*. São Paulo, ESPM, 1994.
7. FLANAGAN, J. The critical incident technique. *Psycological Journal*, 1954.
8. GRONROSS, C. *Gerenciamento de Serviços*. São Paulo, Qualitymark, 1995.
9. HESKETT, J. *Rethinking Stategies for Services*. San Francisco, D.E. Bowen, 1990.
10. LOVELOCK, C. *Serviços: Marketing e Gestão*. São Paulo, Saraiva, 2001.

Capítulo 6

Teoria dos Eventos Turísticos

LEANDRO ANTÔNIO DE LEMOS

Resumo

Este trabalho propõe um novo escopo teórico para a análise de eventos turísticos e do turismo com base nos conceitos de valor turístico e nos processos de agregação, transformação, chancelamento e valorização. Acrescenta ferramentas de avaliação dos eventos e do turismo que, por partirem de uma base teórica diferenciada, chegam a resultados mais profundos e socialmente mais amplos.

Palavras-chave: *Economia do turismo; turismo; eventos; valor turístico; agregação; transformação; chancelamento; valorização; signos; sinalização; célula de produção; matriz das preferências reveladas; mensuração.*

Introdução

Percebe-se, cada vez mais, o surgimento de estudos de caso que buscam fundamentar os alicerces estruturais dos eventos turísticos sem, no entanto, examinar a essência deste fenômeno dentro da atual sociedade e da nova economia. Neste método, restam dois caminhos: aprender com as experiências alheias e copiar modelos de sucesso. No entanto, o que se percebe pelo restante do mundo é um fenômeno oposto.

Tanto nos EUA como na França, Espanha, em Portugal e outros países, os estudos sobre eventos se inserem no fenômeno turístico e representam aquilo que Jafari[15] vem chamando de era do cientificismo no Turismo ou processo de "cientifização", que está sendo construído por outros autores como MacCannel[7] nos EUA, Shaw e Williams[11] na Inglaterra, Valenzuela[13] na Espanha, Montanari[8] na Itália, Leontidou[6] na Grécia, Truppen[12] na França e Schnel[10] na Alemanha. Todos são trabalhos recentes que evidenciam esta tendência à construção teórica do turismo.

As investigações precisam, portanto, acompanhar essa tecnologia do conhecimento, buscando não só a técnica e a lógica das formas aparentes dos eventos, sua captação, planejamento e organização, *marketing*, transporte e hotel, cerimonial, estrutura necessária ou animação e lazer de forma complementar, mas também sua essência.

O evento não pode, apesar do nome, ser um fenômeno isolado dentro do processo turístico; é preciso uma política de eventos inserida no planejamento turístico das cidades. Qual o sentido? Agregar valor. Órgãos governamentais e empresas de eventos precisam trabalhar juntos e integrados em um planejamento estratégico, para que a sociedade participe e se beneficie dos resultados sociais e econômicos, não sendo mera imagem ou vitrine artificial montada e desmontada para a experimentação do fenômeno em si. A política de eventos deve mobilizar os valores sociais autênticos da localidade, a fim de que não só o evento em si, mas o processo turístico de agregação de valor, sejam sustentáveis e permanentes.

Valor Turístico e Signos de Valor em Eventos

O evento é um hieróglifo constituído de valor a ser decifrado. Modela-se uma teoria inserida do Turismo como um todo, para capturar este valor e entender seu processo de sinalização.

Muitos pesquisadores, até a OMT (Organização Mundial do Turismo), buscam uma definição do Turismo como o estudo do deslocamento temporário de pessoas. Mas esta é a superfície do fenômeno; as formas aparentes são deslocamento, transporte, permanência, hospedagem, consumo, entre outras. Mas por que as pessoas se deslocam? O que as atrai? Pode-se responder a tais perguntas também com formas aparentes que "motivam" a realização do turismo. Turismo de aventura, de saúde, religioso, de negócios, de lazer e de eventos são algumas delas. Mas ainda não se respondeu e entendeu o porquê deste deslocamento.

Ao modelar o turismo como um sistema, percebe-se que, além do turista, existe o outro lado: agentes que estão elaborando o produto turístico. Esta é a primeira falha da definição anterior, que reduz ao lado da demanda. Mas o que produzem os agentes? O que produzem de diferente em relação a outros produtos da agricultura, da indústria ou dos serviços? Por que existe algo chamado Economia do Turismo e não existe, por exemplo, a Economia do Automóvel enquanto campo da ciência?

O que está sendo gerado no sistema turístico tem valor distinto dos outros setores e segmentos. Aliás, todo sistema (biológico, social ou econômico) alimenta, transforma e gera alguma coisa. No caso, este setor gera *valor turístico*, distinto dos valores industriais; portanto, não existe a "indústria do turismo". Ele é diferente dos valores agrícolas e dos gerados nos serviços, apesar de se utilizar de todos eles. No campo da ciência econômica, existe a economia industrial e a economia agrícola, porque tais setores geram e processam valores distintos e de forma distinta. O turismo também.

No turismo, os valores gerados devem ter um conteúdo diferente do alimento na agricultura, do automóvel na indústria ou do prédio na construção civil, por exemplo. O alimento é inserido na gastronomia, o automóvel se transforma em mais do que um meio de deslocamento e o prédio deve hospedar as pessoas em uma localidade. O que há de diferente? O valor gerado pelo sistema turístico deve ser e representar *um conjunto de relações sociais dos seres humanos com sua história, sua cultura e seu ambiente natural e arquitetônico capaz de gerar um sistema organizado que consiga agregar um conjunto de bens e serviços de informação, deslocamento, estada, alimentação, entretenimento, eventos, fatores socioculturais, climáticos e geográficos e os elementos das infra-*

estruturas geral e específica que tenham força de atração capaz de mobilizar o deslocamento (ida e retorno) e a permanência de pessoas de outras localidades.

Assim, o valor turístico é o elemento gerado pelo sistema, mediado pela produção e pelo consumo. Transforma-se em bens e serviços, mas não os é. É algo que está na essência do fenômeno. O evento é parte integrante desse processo. Se é elaborado com fins particulares, por processos produtivos descolados da lógica do sistema, deixa de ser turístico, pois deixa de ter valor. Deve ser constituído de signos de valor turístico agregado e representativos no meio social onde se estabelecem, pois que fazem parte dele, mas podem ser seu ponto de transformação.

Para entender melhor, é necessário compreender a lógica de reprodução deste valor. Ela se dá em quatro processos simultâneos e constituintes de um mesmo circuito: os processos de *agregação, transformação, chancelamento* e *valorização*.

O *processo de agregação* de valor apresenta-se no sentido de que o valor turístico é permanentemente elaborado pelo trabalho humano, por um somatório de elementos que se imbricam ao gerar valor. Os elementos *in natura* (recursos naturais) e os objetos da ação social do ser humano (igrejas, aeroportos, parques temáticos, meios de hospedagem, centros de convenções, história, informação etc.) passam a agregar valor desde que elaborados para a finalidade de atrair e servir ao turismo. Planejamento, produção e distribuição buscam agregar valor em termos quantitativos e qualitativos de forma crescente, duradoura e sustentável.

Nesta definição, a base de produção não são os recursos naturais, mas as pessoas (recursos humanos) ou relações humanas, o seu núcleo. Sim, núcleo, pois tem-se uma célula de produção, como representado na Figura 6.1.

O núcleo para elaboração de eventos como forma de valor turístico são as pessoas. São elas que produzem, é nelas e em suas relações que o valor turístico tem origem. São os profissionais do turismo que produzem e depois agregam valor sob a forma de temática, conteúdo e organização do evento. Eles estabelecem o marketing e os canais de distribuição (atratores), a infra-estrutura, o transporte, os meios de hospedagem, a animação e o lazer. Enfim, os profissionais do turismo codificam valores em signos de valor que constituem um evento. A *força de atratividade* é o maior destes signos e é

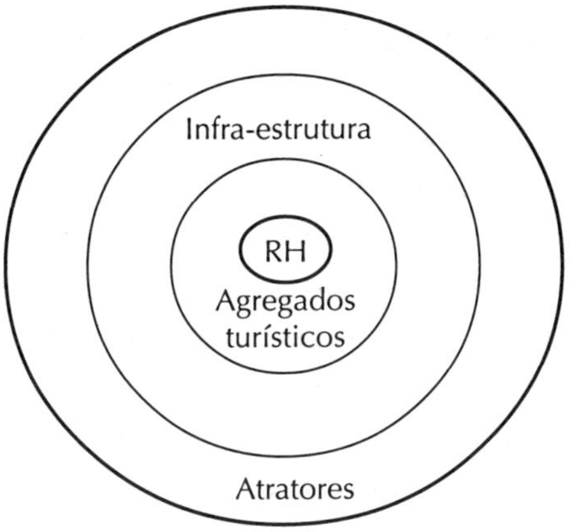

Figura 6.1 – Célula da produção turística

medida pela chamada *impedância turística*, ou seja, o quociente entre o volume de turistas captados e a distância de sua origem.

O *processo de transformação* se dá dentro do sistema turístico. É nele que um hotel é transformado em valor para a realização de um evento, um restaurante e uma danceteria em valores complementares e insumos periféricos (pastas, canetas, papel, café e sucos) são transformados em valores turísticos. É dentro do sistema que atividades agrárias, industriais, de serviços, tecnológicas, culturais, acadêmicas, corporativas, enfim, todas as atividades humanas podem se transformar num agregado de valor turístico para a realização de eventos. O sistema é constituído por diversos agentes: a comunidade receptora, as esferas do governo local, o financeiro, as empresas de eventos, as operadoras, as agências, as empresas de hospedagem, as de transporte, os turistas, os administradores de centros de convenções e de eventos, os governos das localidades emissoras e as suas instituições e unidades de negócio das localidades emissoras. Diversos agentes assumem o papel de transformar os valores em valor turístico e, este, em valor de troca e de uso.

O *processo de chancelamento* é o momento em que o turista reconhece valor, decodifica os signos de valor, avalia e valida (ou não). É de vital importância que o sistema possua informações sobre as preferências e a satisfação dos turistas. Muitos eventos fracassam por ausência de ferramentas permanentes que busquem capturar o comportamento e os interesses do público-alvo. Para isso, utilizam-se pesquisas. É necessário, no entanto, ter um instrumental para realizá-la. Mas este instrumental tem por trás um conjunto de conceitos. Todo pesquisador tem que saber o que está pesquisando, por que e como pesquisar. Antes, contudo, é necessário um conceitual. Portanto, as definições de Turismo e valor turístico entram em cena agora.

A Figura 6.2 mostra os atributos de valor que o turista busca encontrar em um evento. A captura de quais elementos é a primeira etapa da pesquisa. Em uma metodologia espontânea (oposto de induzida), deve-se perguntar quais são suas expectativas em relação aos elementos constituintes de um evento. No Turismo, é importante ressaltar, lida-se com necessidades, desejos e sonhos. Portanto, é preciso perguntar especificamente o que está estabelecido nesses níveis de expectativa. Daí, monta-se a Matriz das Preferências Reveladas. Trata-se de um exemplo; para cada caso deve ser montada uma matriz exclusiva.

Num segundo momento, faz-se o mapa das preferências reveladas. Na Figura 6.2, é a área interna ao pontilhado. O turista revela quais atributos de valor está buscando e os geradores desse valor terão que criar os elementos constituídos por este mapa em primeiro nível. Os demais atributos passam a ser secundários. O último momento é o da validação. A pesquisa deve capturar notas (de 1 a 5) para os atributos na percepção analítica do turista e o pesquisador deve ponderar cada um destes valores para chegar em um índice final. A pesquisa deve ser uma preocupação de todos os agentes envolvidos no sistema e comprometidos com a geração de valor turístico. Senão, corre-se o risco da falta de equalização entre os elementos que constituem o valor turístico, muitos dos quais não estão neste exemplo e não se referem ao evento em si.

Pode-se, também por pesquisas, modelar diversos estilos de turistas. No exemplo da Figura 6.3, para os atributos "atendimento" e "exigência" há um gráfico onde existem milhares de estilos, mas que foi dividido em quatro segmentos. O quadro é auto-explicativo, todavia analise-se o Tipo C. Este estilo de turista requer atendimento "pessoalizado" e não personalizado. "Mostre que você se importa comigo", diz ele. Está demandando, na verdade, afeto e atenção. Seu nível de exigência quanto à organização e aos sistemas é baixo, o que quer são rotinas quebradas e se sentir à vontade. Cada estilo tem uma proposta de preferência e isto deve ser levado em consideração em processos de segmentação e diversificação de mercados.

Por último, no processo de chancelamento, deve-se levar em consideração a magnitude espacial do valor turístico que está sendo gera-

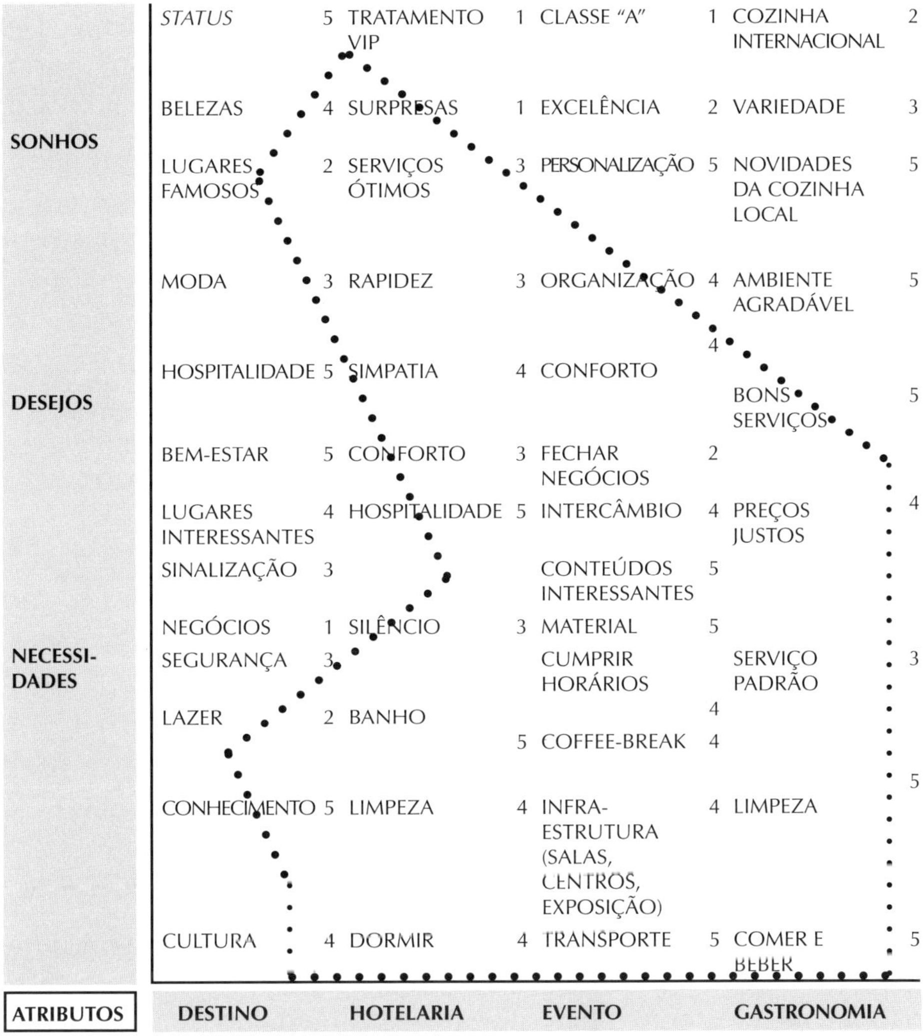

Figura 6.2 – Matriz das preferências reveladas dos turistas.

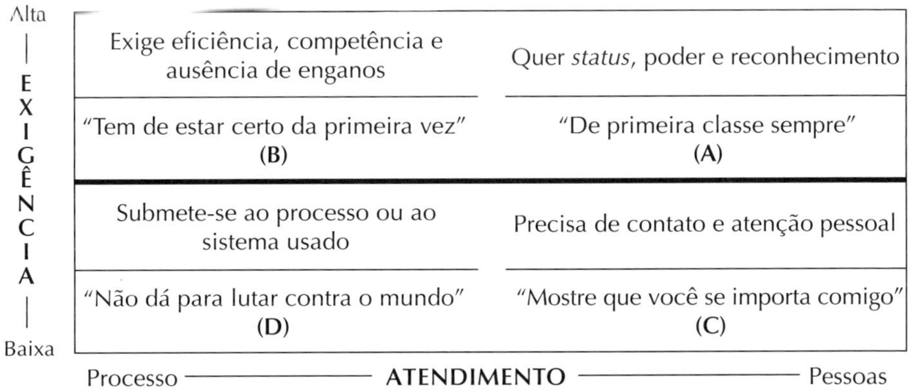

Figura 6.3 – Os estilos de turistas.

do. Analisa-se o mercado em radiais divididas geograficamente (Fig. 6.4). Nela, como exemplo, divide-se o espaço em três radiais de mercado - que podem ser mais e variam em quilometragem para cada caso.

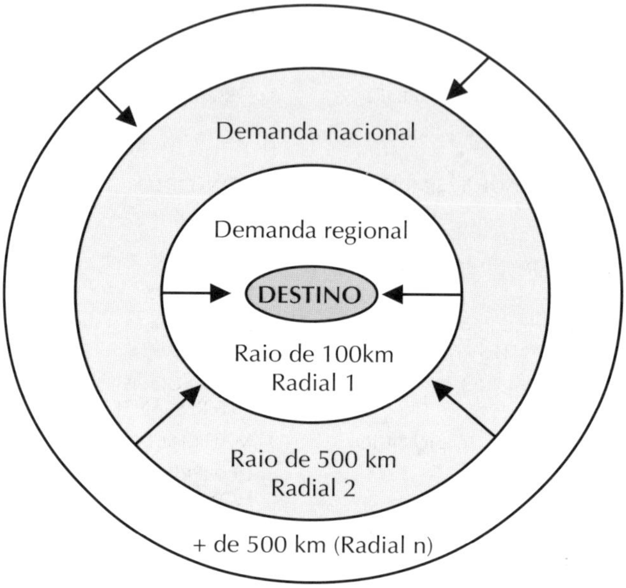

Figura 6.4 – Radiais da demanda turística.

É preciso buscar em cada uma das radiais o que é reconhecido como valor, que alcance possui o evento ou calendário de eventos, qual sua impedância em cada uma das radiais (impedância marginal), mensurada em volume de turistas captados em relação à sua origem. De outra forma, analisa-se nas radiais a concorrência com outros eventos e datas em outras cidades, para que seja possível estabelecer estratégias de execução e diferenciação.

O último processo do circuito do valor turístico é o de *valorização*. Sem controles e indicadores, não se consegue mensurar os resultados em termos de participantes, hóspedes, gastos, renda, emprego, investimentos, retorno, custo-benefício, benefícios sociais, ambientais, culturais, entre outros.

Conclusão

A economia do turismo estuda o valor turístico e seus processos de agregação, transformação, chancelamento e valorização. O turismo não pode ser mensurado somente por sua riqueza material; portanto, os instrumentos científicos tradicionais da economia são insuficientes. Neste sentido, a ciência do turismo vem evoluindo, no mundo inteiro, na busca de interpretações teóricas que possam aumentar o seu grau de compreensão.

Assim, elabora-se um modelo fundamentado no conceito de valor turístico como elemento de relações sociais espacialmente estabelecidas para entender o turismo e os eventos turísticos.

A lógica de produção e reprodução de eventos está inserida neste meio social e tem capacidade de gerar valor turístico e transformar o meio em espaço turístico, mesmo recorrendo a insumos não constituintes do sistema turístico. O evento, seja cultural, econômico, religioso, esportivo, técnico, científico, corporativo ou de outro tipo, tem em sua essência os processos de agregação de valor (ampliação da célula de produção turística), de transformação (sistema turístico que processa valores diversos e os converte em valor turístico), de chancelamento (avaliação e validação feita pelos turistas e pelos mercados) e de valorização (mensuração dos resultados alcançados e alcançáveis nas esferas sociais).

Portanto, o evento tem uma lógica permanente (oposta ao seu nome), na qual se reproduz e produz através de valores sociais espacialmente estabelecidos. O evento não pode simplesmente usufruir de uma localidade, de uma cidade como um apêndice, mas sim fazer parte da política turística de cada localidade. Os agentes devem participar e inserir a participação da sociedade como forma de torná-la valor turístico e, assim, reproduzir-se de forma sustentável. A localidade não pode criar eventos apenas como forma de superar a baixa temporada; isso é conseqüência do processo de agregação de valor turístico que, sendo consistente e socialmente reconhecido, trará benefícios. O evento, portanto, precisa ser compreendido e investigado cientificamente como algo inserido em uma lógica maior, mas capaz de transformá-la. Todavia, tanto o fenômeno como a ciência devem investigar não só suas formas aparentes, pois que estas são mutantes e reflexos. Que se aprofunde o olhar para além da superfície.

Referências Bibliográficas

1. BENI, M.C. *Análise Estrutural do Turismo*. São Paulo, SENAC, 1997.
2. KOTLER, P. *Marketing Público*. São Paulo, Makron Books, 1995.
3. KOTLER, P. *Marketing for Hospitality and Tourism*. Upper Saddle River, Prentice Hall, 1999.

4. LEMOS, L. Os sete mitos do turismo: a busca de alguns conceitos fundamentais. In: *Turismo: 9 Propostas para um Saber-Fazer*. Porto Alegre, Dos Autores, p. 65-78, 1998.
5. LEMOS, L. *Turismo: Que Negócio é Esse?* Campinas, Papirus, 1999.
6. LEONTIDOU, L. Greece: hesitant policy and uneven tourism development in the 1990s. In: SHAW, G.; WILLIAMS, A. *Tourism and Economic Development*. London, Wiley, 1999.
7. MACCANNELL, D. *The Tourist: A New Theory of Leisure Class*. California, University of California Press, 1999.
8. MONTANARI, A. Italy: diversified tourism. In: SHAW, G.; WILLIAMS, A. *Tourism and Economic Development*. London, Wiley, 1999.
9. PALOMO, M.F. *Elementos para el Estudio de la Economia de la Empresa Turística*. Madrid, Sintesis, 1991.
10. SCHELL, P. Germany: still a growing international deficit? In: SAHW, G.; WILLIAMS, A. *Tourism and Economic Development*. London, Wiley, 1999.
11. SHAW, G.; WILLIAMS, A. *Tourism and Economic Development*. London, Wiley, 1999.
12. TRUPPEN, J. France: tourism comes of age. In: SHAW, G.; WILLIAMS, A. *Tourism and Economic Development*. London, Wiley, 1999.
13. VALENZUELA, M. Spain: from the phenomenon of mass tourism to the search for a more diversified model. In: SHAW, G.; WILLIAMS, A. *Tourism and Economic Development*. London, Wiley, 1999.
14. VALLS, J.F. *Las Claves del Mercado Turístico*. Madrid, Deusto, 1996.
15. JAFARI, J. La cientificación del turismo. In: *Estudios y Perspectivas en Turismo*. Buenos Aires, Ciet, 3(1) p. 7-36, 1994.

Parte II

Perspectivas e Estudos Aplicados aos Eventos

Capítulo 7

Espaço Rural e as Perspectivas para o Turismo de Eventos

ROSSELVELT JOSÉ SANTOS
MARIA JOSÉ PIRETE

Resumo

As tendências contemporâneas no Brasil sugerem uma inclinação para a utilização do espaço rural com atividades não agrícolas, a promoção do turismo, nesse meio, é considerada uma das oportunidades mais destacadas entre as diversas alternativas de diversificação produtiva. O desenvolvimento dessa atividade no meio rural brasileiro, nas últimas décadas, leva-nos a pensar em formas de promover o turismo sem perder de vista o respeito e o comprometimento com a diversidade cultural. Na verdade, a cultura camponesa move-se não apenas no seu contexto, mas também pelas imposições da sociedade. As expressões culturais camponesas, quando respeitadas, podem significar melhor aproveitamento do espaço rural. Assim, a promoção de eventos seria uma forma de renovação da modalidade de turismo, amenizando a sazonalidade da atividade.

Palavras-chave: *Turismo rural; comunidades camponesas; turismo e desenvolvimento local; promoção de eventos; espaço rural.*

TURISMO RURAL

Existe, na literatura específica sobre o tema, uma grande variedade de expressões que se aplicam ao Turismo Rural. Geralmente estão relacionadas com o tipo de exploração dos recursos e com a organização produtiva do espaço rural. Percebe-se, assim, uma complexidade gerada por conceituações ambíguas, contraditoriamente restritivas ou muito abrangentes para essa atividade que, além de ser relativamente nova no meio rural, envolve a cultura camponesa.

Em relação à variedade de expressões que se aplicam ao turismo rural, podemos aprender com Tulik[12] a diferenciar as várias denominações de turismo rural e as suas relações com as particularidades geográficas:

> *"A avaliação da literatura existente sobre Turismo Rural mostra grande riqueza de termos, expressões e conceitos que variam conforme a realidade de cada país e expressam diferentes maneiras de aproveitar os recursos do espaço rural e os programas e ações compreendidos nessa área. Neologismos são criados para designar formas criativas como é o caso de agroecoturismo, resultante da mescla de Agroturismo (para alguns a maior expressão do Turismo Rural) com Ecoturismo (a mais significativa das formas alternativas de turismo). Confusões terminológicas se sucedem como, por exemplo, Turismo Verde, que vem sendo aplicado, indistintamente, tanto ao Turismo Rural como o Ecoturismo. Multiplicam-se denominações genéricas ou específicas aplicadas ao Turismo Rural, decorrentes de diferenciações geográficas, econômicas, sociais e culturais dos países e que também variam ao sabor das campanhas de marketing. Para resolver o problema conceitual, alguns autores sugerem termos e expressões mais abrangentes, enquanto outros mostram-se despreocupados com o assunto, adotando a expressão Turismo Rural ou Turismo no Espaço Rural, indistintamente".*

Essas considerações apontam para a cultura como um problema a ser resolvido com discussões abertas e freqüentes. Deve-se lembrar que, no rural, existem expressões culturais que caracterizam modos de vida comunitários. Não sendo estanques ou estáveis, sofrem os impactos dos viajantes, pois o ato de receber turistas implica em contatar culturas diferenciadas. Nesta perspectiva, o que podemos considerar como potencialidade cultural é a sua própria diversidade. Mas tratar a cultura como um atrativo turístico, sem considerar as populações campesinas, significa promover o turismo numa perspectiva um tanto "economicista".

Conforme a Embratur[2] (Instituto Brasileiro de Turismo), o Turismo Rural é definido como "o conjunto de atividades turísticas desenvolvidas no meio rural, comprometido com a produção agropecuária, agregando valor a produtos e serviços, resgatando e promovendo o patrimônio cultural e natural da comunidade". Nesta definição, percebe-se que estão englobadas, aparentemente, todas as formas de aproveitamento do meio rural para o uso turístico. Entretanto, torna-se importante discutirmos essa definição, pois quais seriam os impactos para as populações camponesas ao incluir as atividades turísticas no meio rural, numa proposta onde estariam envolvidos não apenas o espaço físico, mas também os elementos naturais, culturais e a própria produção campesina?

É importante que se discuta melhor o assunto, pois disso certamente dependerão o desenvolvimento do turismo rural e as formas de usos e apropriações do campo, principalmente pelas populações camponesas. Assim, o turismo rural poderá se tornar atraente, atendendo à demanda diferenciada gerada por uma clientela geralmente atraída e interessada em consumir bens e serviços no meio rural, onde o turista acredita encontrar uma paisagem no seu estado original e uma cultura autêntica, não modificada pelos costumes e valores da sociedade urbano-industrial.

Proximidade entre o Espaço Rural e o Urbano

Até a década de 1950, o Brasil era um país eminentemente agrícola; desde então, o espaço rural brasileiro sofreu intensas modificações, decorrentes de uma política modernizadora que levou a uma dependência da área rural em relação ao setor urbano-industrial, intensificada a partir da década de 1970. Perante tal realidade, o espaço rural vem passando por grandes transformações, em especial nas três últimas décadas, resultando em maior integração com a área urbana. Em função de todas essas transformações, já não se pode falar que o meio rural é o local onde se desenvolvem somente as atividades agrícolas, pois, nos últimos anos, as atividades tradicionais ligadas ao meio rural têm sido, principalmente para os pequenos produtores, pouco compensadoras. Tal situação se deve à relação de dependência e subordinação do setor à agroindústria, que passou a expropriar parte do lucro dos produtores, mediante a imposição de condições de monopólio na determinação dos preços, gerando perda de autonomia daqueles em relação ao processo produtivo, tornando a atividade marginalizada. Nota-se que o meio rural se tornou um consumidor de produtos e serviços oriundos das cidades e, em contrapartida, passou a suprir as necessidades do meio urbano, fato que vem levando os produtores rurais a desenvolverem alternativas econômicas para amenizar, pelo menos em parte, os mais variados problemas.

O turismo rural tem sido uma alternativa. Assim, muitas vezes, a atividade agrícola tradicional deixa de ser a principal fonte de renda. Segundo Carneiro,[1] "a agricultura, nesses casos, passa a ser um complemento, muitas vezes voltada para a manutenção da família e dos hóspedes, e um bem de consumo ao garantir o clima 'rural' desejado pelos turistas".

O turismo representa uma gama de possibilidades para o desenvolvimento econômico e social do meio rural mas, para que isso aconteça, é vital a reprodução do "clima rural desejado pelo turista". O turismo rural, com o seu ruralismo, poderá representar uma possibilidade de revitalização e diversificação da economia local, proporcionando a geração de empregos por meio do desenvolvimento de novos serviços profissionais, pois os camponeses passariam a exercer também atividades não-agrícolas ligadas principalmente ao lazer e à prestação de serviços. Além disso, a atividade turística possibilitará a ampliação do mercado, em virtude do aumento da demanda de produtos agropastoris produzidos pelas famílias e o revigoramento do artesanato. Poderá ocorrer maior diversificação e valorização da produção na zona rural, gerando nova receita financeira às atividades já existentes e, ao mesmo tempo, contribuindo para promover a reprodução do estilo de vida camponês, amenizando o problema do êxodo rural não apenas no meio rural, mas também seus efeitos nos centros urbanos.

Promoção de Eventos: uma Alternativa para o Turismo Rural?

No Brasil, o espaço rural foi utilizado para a atividade turística inicialmente em Lajes (SC), na segunda metade da década de 1980. A partir de então, muitas atividades são realizadas para intensificar e discutir essa nova modalidade econômica como uma saída para as áreas decadentes e estagnadas, em função das sucessivas crises econômicas e a ausência de perspectivas, a curto prazo, para a melhoria da renda no campo. Das experiências iniciais, essa prática se espalhou por muitas fazendas dos Estados de Minas Gerais, Mato Grosso, Espírito Santo, Goiás, Distrito Federal e Bahia.

Hoje, a prática turística no espaço rural já é uma realidade em vários Estados brasileiros. É sabido que, na atualidade, o turismo se transformou numa das atividades econômicas mais importantes, tida como um substituto da indústria na geração de empregos, passando a receber atenção de toda a sociedade. De um lado, temos o Estado e os empresários, que nem sempre consideram as populações locais como uma possibilidade de ganho para o turismo; trabalhando para produzir e reproduzir os mais variados serviços turísticos, eles, muitas vezes, promovem um desenvolvimento tradicional do turismo. Do outro lado, temos o turista buscando uma opção de lazer que contemple o contato com a natureza e a diferença do seu cotidiano. Nesta perspectiva, o meio rural (a fazenda) aparece como opção de descanso, lazer, diferença de modo de viver, de espaço que resiste às transformações da sociedade moderna.

Essa concepção "preservacionista" do meio rural aponta a existência de um sentimento bucólico que leva o turista a buscar, no campo, o contato com pessoas que têm um estilo de vida próprio, tidas como "gente de bom coração", com sua comida da roça, os animais, o pomar, a produção artesanal e agropastoril ainda tradicional, com seus espaços reduzidos e tempos de longa duração.

Apontar o que é ou não rural é um problema que deve ser discutido abertamente com o maior número de especialistas. Porém, deve-se lembrar que o rural, enquanto espaço reduzido e tempos determinados pelo ciclo da natureza, vem sendo radicalmente alterado pelas grandes explorações capitalistas.

O Turismo Rural e seu Aproveitamento para a Organização de Eventos

O turismo rural vem sendo desenvolvido em vários lugares do Brasil e, cada vez mais, os espaços de agricultura tradicional estão adotando essa nova atividade. Desta forma, cabe aos empresários do setor, juntamente com o poder público local, estar tão somente promovendo sua maior intensificação? Bastará a criação de eventos nestes locais como uma das alternativas para fomentar a atividade no espaço rural? Quais seriam os impactos para as populações rurais, quando sabemos que esses eventos podem ser de âmbito local, regional, nacional ou mesmo internacional, dependendo das condições de infra-estrutura da área onde serão realizados e o seu grau de importância?

Várias são as possibilidades de eventos no meio rural: ligados às áreas científicas ou técnicas, principalmente as referentes às atividades do campo; eventos sociais, culturais e esportivas, como rodeios, feiras ou festas; ou, ainda, eventos educacionais, como cursos, atividades de campo ou culturais, competições esportivas etc. Porém, entendemos que eles devem ser realizados "com base não apenas na agregação de renda, mas sobretudo da viabilização de estratégias de promoção da qualidade de vida em âmbito local" (Portuguez[3]).

O evento converge muitas pessoas para um determinado lugar, contribuindo para o aumento de investimentos: construção de hotéis, de equipamentos de lazer e de entretenimento, de restaurantes e de centros de convenções; criação de infra-estrutura básica por parte do Estado; geração de empregos diretos e indiretos etc. O meio rural não deve romper com os benefícios que a organização de eventos proporciona, mas deve considerar que o respeito à cultura de cada coletividade também significa importantes ganhos para os produtores rurais e o próprio turismo.

Sob esta perspectiva, o meio rural poderá continuar apresentando algumas especificidades em relação ao meio urbano, que vão desde a tranqüilidade que o próprio espaço oferece até uma infinidade de atrativos para os seus visitantes. Esses atrativos estariam ligados aos aspectos socioambientais de que os hóspedes, entre um programa e outro, poderiam estar desfrutando: banhos de cachoeiras, córregos ou lagos, trilhas ecológicas, cavalgadas, pescarias ou atividades rotineiras da propriedade (ordenha, colheita, trabalho nas áreas agrícolas, artesanato local etc.). À noite, os visitantes poderiam participar de atividade populares, como apresentações folclóricas de danças, músicas ou saborear comidas típicas da região, o que os colocaria em contato com pessoas de lugares e culturas diferentes.

É preciso incentivar o turismo com responsabilidade. Desenvolvê-lo no sentido de superar a reprodução linear do capital. Propor alternativas que rompam com os modelos tradicionais de acumulação capitalista e se incomodem com os custos socioambientais do setor significa enfrentar desafios.

Essa posição pode vislumbrar novos horizontes pois o turismo, na perspectiva de reproduzir somente capital, não pode ser entendido como um modelo capaz de gerar bem-estar social no sentido mais amplo, sem proporcionar contradições e desencontros. Entende-se que "o turismo só estará promovendo o 'desenvolvimento' quando for capaz de proporcionar a melhoria das possibilidades do bem-viver para os núcleos receptores" (Portuguez[3]).

Assim, comprometida com os núcleos receptores, a organização de eventos no espaço rural poderá estar fomentando essa modalidade de turismo e, conseqüentemente, diminuindo os efeitos negativos da sazonalidade das atividades camponesas. O turismo rural, com a promoção de eventos, ainda poderá aumentar os rendimentos das propriedades onde for praticado, garantindo a melhoria da qualidade de vida da população receptora.

Conclusão

Do exposto, emergem questões importantes para se pensar criticamente a organização de eventos como forma de fomento do turismo rural. A atividade turística estará atingindo um dos seus principais objetivos, que é aumentar os ganhos econômicos dos produtores rurais, garantindo a manutenção e a renovação das populações locais como uma potencialidade para continuar realizando e incrementando o turismo rural em comunidades camponesas.

Referências Bibliográficas

1. CARNEIRO. M.J. *Ruralidade: Novas Identidades em Construção*. CPDA/UFRRJ, [s.d.]
2. EMBRATUR. *Plano Nacional de Municipalização do Turismo.* Brasília, 1998.
3. PORTUGUEZ, A.P. *Agroturismo e Desenvolvimento Regional*. São Paulo, Hucitec, 1999.
4. RODRIGUES, A.B. *Turismo e Geografia - Reflexões Teóricas e Enfoques Regionais*. São Paulo, Hucitec, 1996.
5. RODRIGUES, A.B. *Turismo - Desenvolvimento Local*. São Paulo, Hucitec, 1997.
6. RODRIGUES, A.B. *Turismo e Espaço. Rumo a um Conhecimento Transdisciplinar*. São Paulo, Hucitec, 1997.
7. RODRIGUES, A.B. *Turismo - Modernidade Globalização*. São Paulo, Hucitec, 1997.
8. RUSCHMANN, D. *Marketing Turístico - Um Enfoque Promocional*. Campinas, Papirus, 1991.
9. RUSCHMANN, D. *Turismo e Planejamento Sustentável: A Proteção do Meio Ambiente*. Campinas, Papirus, 1997.
10. TRIGO, L.G.G. *Turismo e Qualidade. Tendências Contemporâneas*. Campinas, Papirus, 1996.
11. TROPIA, F. *Turismo no Meio Rural*. Coleção Pequena Empresa. Belo Horizonte, Autêntica Editora, 1998.
12. TULIK, O. Do Conceito às Estratégias para o Desenvolvimento do Turismo Rural. In: RODRIGUES, A.B (Org.) *Turismo e Desenvolvimento Local*. São Paulo, Hucitec, 1997.
13. URRY, J. *O Olhar do Turista: Lazer e Viagem nas Sociedades Contemporâneas*. São Paulo, Nobel, 1996.
14. YÁZIGI, E.; CARLOS, A.F.A.; CRUZ, R.C.A. *Turismo: Espaço, Paisagem e Cultura*. São Paulo, Hucitec, 1996.

Capítulo 8

Eventos, Cultura Popular e Memória Regional

ANDRESSA FRANCO
CAMILA DANTAS
DELANNE SILVA
FABIANA SALES
MARIA LUCIANA DIAS
PATRÍCIA GALVÃO
PRISCYLLA LIMA
ROBERTA CARVALHO

Resumo

Este trabalho trata da cultura popular como uma alternativa no processo de resgate da memória regional, abordando a dificuldade de se estabelecer um conceito único de cultura popular e relacionando-a com a promoção de eventos. Sugere maneiras de despertar na população o sentimento preservacionista sobre as suas raízes, de forma a garantir a contemplação dessa cultura pelas gerações futuras.

Palavras-chave: *Cultura popular; sustentabilidade, manifestações; comunidade.*

Introdução

A proposta defendida neste estudo é a propagação da cultura popular por eventos, como uma opção para preservar a memória regional de um povo. Partindo dessa proposta, fez-se necessário definir o conceito de evento e como este pode ser utilizado para divulgação da cultura popular. Além disso, o trabalho aborda a atuação do governo e de empresas privadas no que se diz respeito à produção de eventos de cunho popular. Para melhor compreensão, foi realizada uma pesquisa com o objetivo de mostrar o quanto a cultura popular está no conhecimento do povo pernambucano. Buscou-se, ainda, sugerir um enfoque diferente do que está sendo utilizado atualmente, tomando a cultura popular como um potencial atrativo turístico, peculiar pela sua originalidade, mas procurando preservar todas as suas características originais.

Eventos

"Evento é todo fato ou acontecimento, espontâneo ou organizado, que ocorre na sociedade em um lugar determinado e com espaço de tempo predefinido", segundo Karin Goidanich. Há também outras definições de eventos, como as que seguem:

- Atividades promovidas a fim de alcançar um público-alvo com a pretensão de estabelecer um conceito ou imagem;
- Atos comemorativos com ou sem interesse mercadológico, visando a conquistar um público-alvo;
- Ação profissional, aspirando a atingir o público-alvo por meio de medidas concretas e planejamentos.

O evento pode ter, ainda, finalidades específicas, objetivando apresentação, conquista ou recuperação de um público-alvo. Os benefícios proporcionados pelos eventos para as comunidades receptoras são os mais variados:

- O evento é um gerador de divisas, à medida que aumenta o número de visitantes na localidade; estes, por sua vez, tendem a gastar mais que um turista comum;
- Ao se promover o evento em épocas variadas do ano, diminui-se o impacto negativo da sazonalidade dentro da atividade turística;

- Em conseqüência da realização de eventos, há um aumento na geração de empregos e renda;
- De acordo com a dimensão do evento, pode haver um aumento na permanência do turista na cidade.

Cultura Popular

A cultura popular é um "fenômeno histórico, antigo nas comunidades humanas, e aponta diferenças existentes nas diversas sociedades".*

Essa cultura é baseada em tradições e manifestações espontâneas e étnicas, correspondentes às classes sociais mais baixas, geralmente ligadas à terra, criadas a partir do conhecimento do povo. O vínculo com a realidade rural é apontado, por alguns estudiosos, como a base dos fenômenos folclóricos. Do contato entre os elementos urbanos e rurais surgem algumas das características presentes nas manifestações populares. Dentro do contexto da cultura popular, o antigo e o moderno se complementam, havendo reelaboração e absorção de elementos que constituem o nosso contexto atual, reafirmando o seu caráter dinâmico.

A cultura popular está fortemente vinculada ao anonimato e à oralidade (transmissão feita por intermédio de atividades cotidianas, que encerram uma funcionalidade em si – cada hábito, crença ou técnica tem seu significado na economia do todo).

Atualmente, segundo Nelson Nogueira Saldanha, "a posição da cultura popular é menos segura devido à massificação e à universalização dos padrões de consumo. Tal universalismo cultural levou à generalização de diversos elementos da cultura popular".

Relações entre Eventos e Cultura Popular

Ao analisarmos a cultura popular como atrativo turístico, podemos associá-la à realização de eventos, desde que eles sejam planejados de modo a preservar a autenticidade da manifestação popular. Porém, antes de se pensar em utilizar a cultura popular como objeto turístico, deve-se desenvolver o interesse da população do local,

* Luiz Lacerda, professor e antropólogo da Universidade Federal de Pernambuco, em sua palestra no Projeto Pau-Brasil – 500 anos de cultura popular. Recife, 19 de abril de 2000.

conscientizando as pessoas da importância da manutenção de sua identidade cultural.

Segundo Roberto Benjamim, da Universidade Federal de Pernambuco, "a associação ideal entre eventos e festas populares é o desenvolvimento de cada manifestação em seu devido ciclo". Quando ocorre a superexposição de uma manifestação, ela fica vulnerável a influências alheias ao seu caráter popular e genuíno ou, ainda, desgastada junto ao seu público. Por exemplo, algumas empresas em Pernambuco costumam contratar grupos de maracatu para se apresentarem em qualquer época do ano, ficando o movimento descaracterizado, banalizado, já que o maracatu é uma manifestação própria do ciclo carnavalesco.

Os poderes público e privado ainda não atentaram para a viabilidade de promover eventos populares como meio de afirmação da identidade cultural da região e consolidação do evento como produto turístico dentro do cenário regional, nacional e internacional.

Pesquisa de Campo

Metodologia

Amostra

Foi realizada uma pesquisa com 151 pernambucanos de ambos os sexos, a partir dos 15 anos de idade, com o intuito de verificar o nível de conhecimento sobre as manifestações e festas populares do seu Estado.

Os locais escolhidos para as entrevistas foram lugares com grande fluxo e diversidade de indivíduos, buscando atingir pessoas de perfis variados. Foram selecionados a Avenida Conde da Boa Vista, o Aeroporto Internacional dos Guararapes, a Avenida Recife e o *campus* da Universidade Federal de Pernambuco.

Em geral, predominou o sexo feminino e a faixa etária de 15 a 25 anos. Prevaleceram na amostragem pessoas com escolaridade entre o 2º grau completo e o 3º grau incompleto. A minoria dos entrevistados eram homens com mais de 45 anos.

Instrumento de coleta

A pesquisa foi desenvolvida mediante formulário com respostas abertas e fechadas, no qual eram questionados o conhecimento dos entrevistados sobre cultura popular e sua freqüência em festas e manifestações populares (Ver Anexo).

Análise dos dados

Os entrevistados de 25 a 35 anos foram os que mais demonstraram gostar da cultura popular pernambucana e os que menos gostam têm entre 35 e 45 anos. Os que mais freqüentaram as manifestações populares em Pernambuco (aqueles que disseram "sim" e "às vezes") foram as pessoas com mais de 45 anos e o maior índice da resposta "não" foi entre as pessoas de 35 a 45 anos.

Quanto à escolaridade, as pessoas que mais gostam da cultura popular pernambucana são as de nível superior (completo ou incompleto), também as que mais freqüentam as festas populares em Pernambuco.

O maior índice de entrevistados que disseram não gostar da cultura popular foi o de nível médio (2º grau, completo ou incompleto); os que menos freqüentam as festas populares são os de nível fundamental (1º grau, completo ou incompleto). O principal motivo citado de ida a eventos relacionados à cultura popular é o gosto pelas suas características e sua apreciação, seguido dos que vão por valorizarem e sentirem orgulho dela.

A principal razão citada pelos entrevistados que não freqüentam manifestações e festas populares foi o fato de não gostarem da cultura, seguido da falta de tempo.

As manifestações mais mencionadas pelos entrevistados foram maracatu, festas do ciclo carnavalesco, ciranda e atividades relacionadas com o ciclo junino. Poucos entrevistados não souberam citar algum tipo de manifestação.

CONCLUSÃO

Apesar de todos os estudos já realizados no campo das ciências sociais, nota-se que ainda existem, por parte dos estudiosos da conceituação da cultura popular, dificuldades em se estabelecer "modelos ideais" de manifestações, uma vez que as mesmas podem ser enfocadas a partir de diversos componentes, como o caráter rural ou urbano, os vínculos com as classes sociais de baixo ou alto poder aquisitivo, a reelaboração ou não dos valores e costumes tradicionais, entre outros.

A dúvida em reconhecer o que é cultura popular é notada, principalmente, fora do universo acadêmico e científico. A sociedade em geral ainda confunde eventos populares com aqueles amplamente divulgados pela mídia, como o ciclo junino e o carnavalesco que, apesar de terem origem em manifestações folclóricas genuínas, são deturpados e "vendidos" como produtos. Como exemplos no Estado de Pernambuco, temos as cidades de Olinda e Caruaru, hoje divulgadas internacionalmente, cujas festas pouco mantêm do caráter original.

Esta realidade nos leva a crer que o principal responsável pela descaracterização do acervo cultural do local é o interesse das empresas envolvidas apenas em lucrar financeiramente com tais festas. Elas não têm a consciência de que, além de estarem utilizando a memória cultural de um povo, ainda estão desgastando aquilo que o diferencia de outros destinos e que, provavelmente, é um dos principais atrativos turísticos do Estado.

Segundo dados obtidos pela pesquisa, a maioria das pessoas entrevistadas gosta e já teve contato direto com as manifestações populares do Estado. O orgulho em relação aos elementos nativos está presente nas pessoas, porém ainda não é visto com seriedade o prejuízo de se perder a autenticidade, a peculiaridade de um evento popular, em função de maior aceitação do público.

O poder público, em nossa opinião, deve ser o principal incentivador da cultura popular e é ele quem deve investir, primordialmente, nas manifestações, oferecendo condições para que os participantes possam realizar as atividades (alimentando os integrantes durante as festas, produzindo indumentárias, transportando-os etc.). A iniciativa privada, se desejar participar do movimento de manutenção da identidade cultural, deve investir, consciente da importância da mínima associação possível do nome de empresas às manifestações populares, procurando não utilizar esta cultura com fins lucrativos. Outra responsabilidade do governo seria a de informar a população sobre o rico acervo cultural da região, despertando a importância da preservação das suas raízes.

Todavia, os grupos populares não devem encarar o Estado como um "pai", tomando-o como um gestor permanente de suas atividades pois, de acordo com o regulamento político em vigor, as contribuições podem ser reduzidas ou não, afetando diretamente a promoção dos eventos.

Algumas sugestões para a promoção da auto-sustentabilidade desses grupos seriam:

- Oferta de cursos de danças e outros tipos de atividades para pessoas interessadas em aprender mais sobre as manifestações populares divulgadas pela comunidade, sendo cobradas taxas acessíveis, que ajudariam a cobrir os gastos nas apresentações.
- Venda de artesanato produzido pelo próprio grupo. Tal produção também estaria associada a um programa de oficinas para crianças e jovens da comunidade, ensinando-os a fazer peças artesanais.

Uma boa forma de se restabelecer o sentimento de preservação das características originais da cultura popular seria um trabalho de base nas escolas, estimulando os alunos a se orgulharem delas. Desta forma, estar-se-ia consolidando a valorização das manifestações populares como expressão da própria identidade da comunidade e não "coisa para inglês ver".

Para consolidar a preservação da cultura popular torna-se imprescindível que os profissionais da área saibam trabalhar com a temática sem descaracterizá-la, ou seja, mantendo a genuinidade para apreciação das gerações futuras, deixando de lado o interesse mercadológico e a idéia de lucro a curto prazo. A memória regional certamente é uma das maiores riquezas que um povo pode ter.

Anexo

Dados Coletados na Pesquisa

Faixa Etária	*Homens %*	*Mulheres %*
15 a 25 anos	17,2	25,2
25 a 35 anos	7,3	11,9
35 a 45 anos	11,3	14,5
mais de 45 anos	3,9	8,6
Total	**39,7**	**60,3**

Escolaridade	*Completo %*	*Incompleto %*
1º grau	7,3	10,6
2º grau	27,8	8,6
3º grau	15,9	29,8
Total	**51**	**49**

Manifestações e festas populares citadas pelas pessoas entrevistadas

Manifestações	%
maracatu	45,0
ciranda	15,2
coco	12,6
frevo	11,9
caboclinho	8,6
noite dos tambores silenciosos	7,3
bumba-meu-boi	6,0
pastoril	3,3
outros	3,3
não souberam responder	7,3

Manifestações e festas citadas que não são consideradas cultura popular

Manifestações	%
carnaval	30,5
são joão	13,9
teatro	5,3
shows	4,6
quadrilha	4,0
rock/funk	2,6
recifolia	2,6
forró	2,6
outros	7,3
não souberam responder	7,3

Motivos que levam as pessoas a freqüentar manifestações e festas populares

Motivo	%
gostam e acham belo	25,2
valorizam a cultura e o orgulho regional	12,6
divertimento	11,3
curiosidade	8,6
o ambiente agitado	4,6
acham legal	1,3
vão com os amigos	1,3
gostam da originalidade	0,7
outros	34,4
não souberam responder	2,0

Razões pelas quais as pessoas não freqüentam ou não têm interesse em participar de manifestações e festas populares

Razão	%
não gostam	13,2
não têm tempo	9,9
falta de oportunidade	4,0
religião protestante	3,3
não pensam nisso	3,3
falta de segurança	1,3
falta de divugação	1,3
falta de dinheiro	0,7
outros	62,9
não souberam responder	0,7

Resultados sobre o gosto e a freqüência das pessoas em festas populares

Resultado	*Total*
gostam e vão freqüentemente	30,4
gostam e freqüentam às vezes	30,4
gostam mais ou menos e vão freqüentemente	2,0
gostão mais ou menos e não vão	10,5
não gostam e não vão	7,3
outros resultados	19,4

Referências Bibliográficas

ARANTES, A.A. *O que é Cultura Popular*. São Paulo, Brasiliense, p. 81, 1981.
BOSI, E. *Cultura de Massa e Cultura Popular: Cultura das Operárias*. Petrópolis, Vozes, p. 179, 1981.
GOIDANICH, K.; MOLETTA, V. *Turismo de Eventos*. Porto Alegre, SEBRAE, p. 60, 1998.
GOIDANICH, K.; MOLETTA, V. *Turismo Cultural*. Porto Alegre, SEBRAE, p. 60, 1998.
QUEIROZ, J.; VALLE, E. *A Cultura do Povo*. São Paulo, Cortez, p. 144, 1988.
SALDANHA, N.N. *A Tradição Humanística: Ensaios*. Recife, Universitária, p. 37-47, 1981.
SANTOS, J.L. *O que é Cultura*. São Paulo, Brasiliense, 1983.

Capítulo 9

Estudo de um Atrativo Turístico: Festa da Lagosta de São Fidélis

PAULO AUGUSTO PINTO
MODESTO GUEDES FERREIRA
JAHN CARLO DE AMORIM FERREIRA

Resumo

A existência do lagostim (Macrobrachium carcinus) no rio Paraíba do Sul, em São Fidélis (RJ), deu origem à Festa da Lagosta, evento que desencadeou a escassez do produto pela pesca predatória. A realização de um projeto coordenado pelo Centro Universitário Plínio Leite, cujos resultados preliminares são apresentados neste trabalho, proposto em acordo com a colônia de pescadores do município, visa ao repovoamento do rio após reprodução e crescimento da forma larvar em laboratório. A expectativa de se criar o lagostim sob controle e fiscalização, neste trecho do rio Paraíba do Sul e em criatório artificial, poderá representar o retorno da atividade da pesca, de forma econômica, e da Festa da Lagosta, importante evento turístico para o município.

Palavras-chave: *Atrativo turístico; pesca; lagosta; sustentabilidade de municípios.*

INTRODUÇÃO

A existência de um nicho pesqueiro de lagostim *(Macrobrachium carcinus)* no rio Paraíba do Sul, mais precisamente no trecho compreendido entre os distritos de Pureza e Ernesto Machado, no município de São Fidélis, despontou na década de 1960 como um atrativo natural, com potencial para ser um bom produto turístico no futuro.

Em princípio, somente a população do município e regiões próximas tinham conhecimento da existência do crustáceo no principal rio do norte fluminense. O fato de se tratar de matéria-prima para um dos pratos mais saborosos, consumido pela população da região e oferecido também pelos restaurantes da cozinha local, passou a despertar o interesse de viajantes que transitavam por aquele município, o que trouxe como conseqüência o aumento na demanda do produto.

Empresários da cidade vislumbraram a oportunidade de oferecer o lagostim a um público maior, num evento que passou a ser conhecido como Festa da Lagosta de São Fidélis. A data de sua realização coincidia com as festividades do padroeiro da cidade, no final de abril. Diversas festas ocorreram com presença progressivamente maior de fidelenses ausentes e turistas até mesmo de países vizinhos.

A infra-estrutura deficiente da rede hoteleira e de restaurantes da cidade e, particularmente, a quantidade crescente do lagostim que deveria ser oferecida aos consumidores passaram a ser preocupações com as quais estiveram envolvidos os organizadores do evento.

A demanda cada vez maior do lagostim para a festa fez com que aumentasse sua captura para estocagem, cuja conseqüência final pode ser traduzida num desequilíbrio crescente no estoque biológico do crustáceo, com captura de animais que ainda não haviam completado o desenvolvimento, alterando, portanto, sua reprodução. Some-se a isso a poluição das águas do rio Paraíba do Sul por diversas cidades situadas às suas margens, nos Estados de São Paulo e Rio de Janeiro, que despejam, entre outros, resíduos de suas indústrias; e, ainda, a permanência, por determinado tempo, de garimpeiros em busca de ouro em alguns trechos do rio, cuja exploração envolvia a utilização de mercúrio.

A suspensão da Festa da Lagosta, ocorrida no ano de 1988, após 12 anos, permanece até os dias de hoje. Diversas incursões envolvendo associações comunitárias do município e universidades vêm oferecendo estudos, na tentativa de buscar um diagnóstico para o problema e alternativas que visem à recuperação desse importante material biológico. Até o momento, os trabalhos efetuados não trouxeram resultados significativos.

O Centro Universitário Plínio Leite (UNIPLI), por intermédio de trabalho oferecido pela Faculdade de Ciências Agrárias - Cursos de Engenharia de Pesca e Medicina Veterinária - *Campus* de Itaboraí (RJ), deu início a um programa de pesquisas (Ferreira et al.[6]) dividido em três fases, cujos objetivos visam a:

- Estudar o ciclo biológico do crustáceo e sua reprodução em cativeiro;
- Desenvolver até a uma fase larvar mais adiantada e protegida de alguns predadores naturais;
- Repovoar o rio, no trecho considerado como o melhor hábitat, para que o crustáceo possa chegar à fase adulta, num volume normal, em equilíbrio com o meio ambiente.

Uma outra opção a ser estudada é a de se projetar uma fazenda de criação, em área próxima ao rio, onde os fatores de ambiente pudessem ser aproveitados em grande parte, integrando-se socialmente o trabalho da colônia de pescadores da região.

O êxito do projeto poderá culminar com o retorno da Festa da Lagosta, a ser oferecida dentro de um programa preestabelecido, respeitando-se a sustentabilidade do ambiente (Ruschmann[8]).

Este trabalho constitui-se em um levantamento preliminar sobre a situação atual em que se encontra a pesca do lagostim no município de São Fidélis, compreendendo o ciclo biológico do crustáceo, a quantidade disponível para consumo, as condições sociais dos pescadores e, principalmente, a possibilidade do retorno da Festa da Lagosta, que poderá ser uma forte alternativa econômica para a população do município e um excelente produto turístico para os visitantes.

Desenvolvimento do Estudo

Material e Métodos

Este trabalho, em sua primeira fase, foi desenvolvido no município de São Fidélis, junto à Colônia de Pescadores Z-21, na qual mais de 200 profissionais foram cadastrados. A maioria desses profissionais tem a atividade pesqueira como alternativa adicional em seu orçamento.

O município de São Fidélis, com cerca de 40 mil habitantes, está situado no norte fluminense (entre as latitudes de 21°30' e 22° sul e longitudes de 41°30' e 42°) a 329km da capital, à margem do rio Paraíba do Sul, que deságua no Oceano Atlântico a aproximadamente 80km, em trecho navegável. O acesso se dá, a partir do Rio de Janeiro, pelas rodovias BR-101 e RJ-158, passando por Campos dos Goitacazes, ou RJ-116 e BR-492, passando por Nova Friburgo. A cidade possui três hotéis de pequeno porte, seis restaurantes, além de bares e choperias.

A Festa de São Fidélis, o padroeiro, é anual, ocasião em que a cidade recebe cerca de 15 mil visitantes. No período em que os festejos ocorriam simultaneamente com a Festa da Lagosta, o número de visitantes chegava a ultrapassar 50 mil pessoas.

O lagostim tem sido objeto de estudos de diversos pesquisadores (Chodhury;[2] Dore;[5]; Fonseca;[7] Coelho et al.[3]) desde sua fase larvar até a adulta.

Seus primeiros estágios de desenvolvimento se processam em ambiente de água salgada e salobra, migrando para água doce. Tem sido encontrado principalmente em trechos acidentados de rios, com constante fluxo de água, em altitudes de até 200m (Escobar, 1979 *apud* Fonseca[7]). Carne fresca de moluscos mostrou ser seu alimento preferencial para engorda e crescimento (Coelho et al.[3]). Segundo Dore,[5] o lagostim habita os rios de água doce, na parte da costa atlântica, desde a Flórida (EUA) até o sudeste do Brasil.

Fonseca[7] afirma ser possível encontrar o crustáceo desde a Flórida e Texas (EUA) até o sudeste brasileiro, tendo capturado espécimes nos rios Paraíba do Sul, Itabapoana, Muriaé, do Colégio e lagoas de Juturnaíba, Maricá e Jurujuba, no Estado do Rio de Janeiro.

As informações necessárias ao levantamento da situação em que se encontra a pesca do lagostim foram obtidas utilizando-se um questionário (Quadro 9.1) aplicado especificamente em uma amostra dos profissionais da colônia de pescadores (Almeida[1]). Procurou-se entrevistar cada indivíduo, separadamente, para que as respostas não sofressem influências.

Resultados e Discussão

Aspectos Sociais

O cadastramento dos pescadores na colônia Z-21 caracteriza a importância que se dá à atividade no município. São mais de 200 associados.

Quadro 9.1 – Questionário aplicado aos pescadores

1. Qual a sua profissão?
2. Exerce outra atividade?
3. Qual a data de seu nascimento?
4. Há quanto tempo se dedica à pesca?
5. Por que escolheu a pesca como atividade?
6. Quais os tipos de apetrechos de pesca que você utiliza?
7. Qual a melhor isca utilizada na captura?
8. Qual o melhor lugar para a captura da lagosta?
9. Qual o melhor dia?
10. Qual o melhor horário do dia para a captura?
11. Qual a melhor época do ano para a captura?
12. Quantos quilogramas de lagosta você consegue capturar/mês?
13. Qual o preço de venda do quilograma de lagosta na região?
14. Você teria interesse em continuar pescando se houvesse aumento do número de lagostas na região?

Pelo fato de a grande maioria dos pescadores (60%) ter a atividade pesqueira como única ocupação, corre-se o risco do desencadeamento de um problema social. Por outro lado, induz-se a um controle mais efetivo sobre o equilíbrio das espécies encontradas no rio Paraíba do Sul.

A média de idade dos pescadores está em torno de 45,4 anos, indicando que os jovens estão abandonando a profissão de seus pais ou parentes. O tempo de atividade destes profissionais é de 30,8 anos, de onde se conclui que começaram a profissão com cerca de 15 anos de idade, dando continuidade à atividade dos pais.

A atividade pesqueira tem sido exercida por profissionais semianalfabetos ou que se encontram desempregados em outra atividade.

A tecnologia pesqueira, ainda que rudimentar, evoluiu do velho e ultrapassado puçá para apetrechos mais eficientes, como o covo ou gaiola. A isca que tem mostrado os melhores resultados para a pesca do lagostim é o peixe fresco, geralmente capturado momentos antes de ser utilizado. Os melhores dias para captura da lagosta são os nublados e nos horários noturnos. A época do ano mais propícia é a que coincide com as cheias do rio, compreendendo o período entre novembro e março, de maior incidência de chuvas.

Aspectos Econômicos

Sem se considerar os dois meses de defeso (proibição da pesca pelo IBAMA - Instituto Brasileiro do Meio Ambiente e dos Recursos Naturais Renováveis), são capturados 300kg de lagostim/ano/pescador. Tendo-se em vista o número de pescadores cadastrados (200), são retirados, legalmente, 60 toneladas de lagostim/ano, no trecho pesquisado.

O quilo de lagostim tem sido vendido por R$ 8,00 em média - variando entre R$ 6,00 e R$ 10,00 - correspondendo a US$ 4,50/kg. Desta forma, a atividade pesqueira envolvendo apenas o lagostim traz um rendimento bruto de R$ 480 mil/ano para os profissionais da pesca da região ou o correspondente a US$ 266 mil/ano.

Aspectos Biológicos

Buscaram-se também algumas informações com os pescadores, as quais pudessem oferecer subsídios para o estudo do crustáceo, em particular sobre a reprodução; todavia, houve controvérsias.

A maior incidência de fêmeas ovadas ocorre no período de cheias do rio (60%) com amplitude de variação para outros períodos.

O tamanho considerado ideal para a captura é quando o lagostim já tenha alcançado o peso de pelo menos 200g, o que leva a concluir que ele já tenha feito pelo menos duas desovas.

Conclusão

Um projeto de pesquisa com vistas ao repovoamento do rio Paraíba do Sul, município de São Fidélis, com o *Macrobrachium carcinus*, é de vital importância sob os aspectos sociais, buscando-se estabilidade para a atividade pesqueira na região.

É necessário sensibilizar os organismos políticos e a comunidade no sentido de trazerem para o município o trabalho que vem sendo efetuado pelo PNMT (Plano Nacional de Municipalização do Turismo), para que um estudo com embasamento técnico seja implantado e o município possa explorar a atividade turística com sustentabilidade.

Referências Bibliográficas

1. ALMEIDA, J.A.A. *Pesquisa em Extensão Rural. Um Manual de Metodologia*. Associação Brasileira de Educação Agrícola Superior - Ministério da Educação. Brasília, 1989.

2. CHODHURY, P.C. Complex larval development of the Palaemonid Shrimp *Microbrachium carcinus (L), reared in the laboratory (*Decapoda, Palaemonidae*). Crustaceana. International Journal of Crustacean Research*, 20, 67-68, 1971.
3. COELHO, P.A.; PORTO, M.R.; SOARES, C.M.A. Influência da salinidade e da densidade de população sobre o desenvolvimento larval de *Macrobrachiurn carcinus* (crustácea, decápoda, *Palamonidae)*. Resultados preliminares. Sociedade Brasileira para o Progresso da Ciência. Resumos da 30ª Reunião anual. *Suplemento Ciência e Cultura*, 30(7), 588, 1978.
4. COELHO, P.A.; PORTO, M.R.; CORDEIRO, E.A. Influência da alimentação sobre o crescimento de camarões de gênero *Macrobrachium* (crustácea, decápoda, *Palamonidae*). Resultados preliminares. Sociedade Brasileira para o Progresso da Ciência. Resumos da 30ª Reunião anual. *Suplemento Ciência e Cultura*, 30(7), 588, 1978.
5. DORE, I.; FRIMODT. C. *An Illustrated Guide to Shrimp of the Word*. Published by Van Nostrand Reinhold. New York, p. 84-85, 1992.
6. FERREIRA, J.C.A.; FERREIRA JR, M.G.; PINTO, P.A. *Contribuição à Investigação Preliminar sobre os Aspectos Biológicos, Socioeconômicos e de Captura do Lagostim de São Fidélis (RJ) (Macrobrachium carcinus) no rio Paraíba do Sul.* Monografia. Biblioteca da Faculdade de Ciências Agrárias Plínio Leite, Curso de Medicina Veterinária - Campus Itaboraí (RJ), 1999.
7. FONSECA. K.M.L. *Camarões (Atyidae* e *Palaemonidae) da Rede Fluvial do Estado do Rio de Janeiro. Sistemática e Distribuição*. Tese de Mestrado, Rio de Janeiro, p. 44-46, 1995.
8. RUSCHMANN, D. *Turismo e Planejamento Sustentável - A Proteção do Meio Ambiente*. Campinas, Papirus, 1999.

Capítulo 10

Influência dos Atrativos Turísticos na Organização de Eventos

Alison Benhur Wunsch
Augusto Cesar Stein
Pablo Rodrigo Ferreira

Resumo

O trabalho consiste em analisar e verificar a influência dos atrativos turísticos na decisão dos acadêmicos do Curso de Turismo em participarem do XX CBT (Congresso Brasileiro de Turismo), tendo como coordenadas pesquisas desenvolvidas pela ICCA (International Congress and Convention Association) e Business Travel News analisando a partir de dados levantados em cidades de duas regiões brasileiras geograficamente distantes, como Nordeste (Salvador) e Sul (Foz do Iguaçu e/ou Curitiba).

Palavras-chave: *Atrativos turísticos; empresas de turismo; Congresso Brasileiro de Turismo; público técnico; sazonalidade.*

Introdução

Quando os pesquisadores procuraram identificar e graduar a influência que os atrativos turísticos exercem sobre os participantes de um evento, não tinham noção exata do que encontrariam e do vasto campo de pesquisa que este assunto e seus desdobramentos revelariam.

A partir do amplo leque que o assunto possibilitou, as metas e ações foram orientadas para um campo previamente delimitado: levantar os principais motivos que levam os acadêmicos de Turismo a participarem do XX CBT (Congresso Brasileiro de Turismo), o grande evento que congrega a categoria.

O objetivo principal foi coletar e apresentar informações sobre o comportamento dos acadêmicos de Turismo durante suas participações no congresso, considerando serem eles um público dirigido, tendo o turismo como "futura profissão". Julgou-se que um acadêmico de turismo, embora "pessoa normal", ao participar de um evento, não teria as mesmas expectativas de um "público comum" em relação ao apelo turístico e demais atrativos da cidade-sede.

Para uma pesquisa por amostragem, foi elaborado um questionário dirigido para averiguar a possibilidade de que o comportamento do estudante de Turismo, na decisão da participação de um evento, fosse diferente ou tivesse graduação de importância diferente dos demais participantes.

Com base nos dados coletados, acredita-se que este trabalho seja de natureza ímpar, uma vez que revelará os principais motivos e o perfil das motivações que levam os estudantes de Turismo a participarem do XX CBT.

Fundamentação da Pesquisa

A participação do segmento de eventos no setor turístico vem-se mostrando e confirmando, a cada dia, como um dos segmentos de maior lógica de crescimento. Sua relação com o turismo, principalmente quando se trata de infra-estrutura, tem-se intensificado sensivelmente; afinal, as exigências deste segmento têm proporcionado maior valorização e melhor preparação das cidades, objetivando captar eventos das mais diversas naturezas, segmentos que oferecem qualitativamente um dos mais cobiçados perfis de turistas, de destacado poder aquisitivo e excelentes formadores de opinião.

A intensificação dessa relação é evidente, uma vez que várias são as cidades turísticas que têm no segmento de eventos uma de suas grandes "armas" para solucionar um dos maiores problemas da demanda turística: a sazonalidade.

O empresariado turístico é beneficiado, pois a baixa temporada perde o significado de "prejuízo" (hotéis, companhias aéreas, fornecedores em geral que alimentam a "indústria do turismo") ao conquistar esse filão em contínua expansão.

Nessa corrida pela captação de eventos, nota-se que as cidades com atrativos turísticos bem-trabalhados e divulgados têm uma larga vantagem sobre concorrentes pouco "agressivas". Tal *performance* deu subsídios e aval para que este trabalho fosse desenvolvido. Remonta-se à pesquisa de agosto de 1994, desenvolvida pela revista americana *Business Travel News*, indicando que os principais captadores de eventos para uma cidade ou região são os seus próprios atrativos turísticos. Ou seja, dependendo da expressão do atrativo quanto à qualidade e à boa estrutura de acesso e hotelaria, há cidades tidas como "destinos de eventos" (Quadro 10.1).

Considerando que essa pesquisa foi desenvolvida junto ao que aqui denomina-se "público geral", a razão deste trabalho é apresentar um paralelo em relação aos atrativos turísticos quando o público é considerado "técnico". Portanto, este trabalho apresenta as motivações dos estudantes de Turismo de diferentes regiões do país em participarem do XX CBT em Natal (RN). A pesquisa mostra o grau de influência dos atrativos turísticos de uma cidade ou região sobre a decisão do estudante e norteia se o grau de importância é equivalente ao identificado pela *Business News*. Com a análise desses fatos,

Quadro 10.1 - Pesquisa da Business Travel News (agosto de 1994)

O que determina a escolha de uma cidade para ser sede de um evento
• Atrativos turísticos locais ou regionais
• Locais físicos apropriados e em boas condições (dimensões das instalações e aparelhagem adequada)
• Parque hoteleiro (quantidade/qualidade/tarifas hoteleiras competitivas)
• Facilidades geográficas
• Transporte aéreo e terrestre (boas vias de acesso)
• Facilidades de comunicação
• Disponibilidade e diversidade de diversões
• Segurança

pode-se constatar, também, se a localidade da demanda exerce grande influência na participação do evento, já que os diferenciais turísticos são de natureza motivacional; ou seja, se um acadêmico do curso de Turismo de Salvador, com uma realidade local similar, tem motivações tão centradas no apelo turístico quanto um aluno de Foz do Iguaçu ou Curitiba, que convive com uma realidade local totalmente diferente à de Natal.

Fundamentadas nesses questionamentos, foram apresentadas hipoteticamente duas situações a serem verificadas:

- Mesmo sendo estudantes que buscam agregar valores e conhecimento a suas respectivas áreas de trabalho, acredita-se que o fator atrativo turístico está presente como um dos principais motivos da ida ao congresso, até mesmo pela média de idade ser bastante baixa.
- Regionalmente, o atrativo turístico seria diferenciado no que tange ao grau de interesse, pois uma região desperta mais interesse quanto maior a distância da realidade da demanda e menos expectativas quando há proximidade da realidade de vida, mesmo sendo locais diferentes. Acredita-se que o apelo turístico terá, sim, influência sobre os acadêmicos de Salvador, mas terá impacto muito maior sobre os acadêmicos de Foz do Iguaçu ou Curitiba.

A fim de verificar as hipóteses e/ou indagações citadas, que por definição são apenas premissas, foi estipulado um método que pudesse garantir maior autenticidade ao trabalho e orientasse a pesquisa de campo proposta.

Metodologia da Pesquisa

Com o intuito de levantar dados para verificar a aceitabilidade ou não das hipóteses, foi utilizado um questionário (Quadro 10.2) enviado para algumas universidades e faculdades de Curitiba, Foz do Iguaçu e Salvador, cujos acadêmicos participariam do XX CBT. Procurou-se entrevistar estudantes localizados em regiões geograficamente distintas, representando o Nordeste (localidade semelhante a Natal, local do evento) e o Sul (localidade distante e distinta de Natal) para verificar com mais precisão a influência dos atrativos sobre as decisões dos acadêmicos.

Quadro 10.2 – Modelo do questionário respondido por acadêmicos que participariam do XX CBT

UNIVERSIDADE ESTADUAL DO OESTE DO PARANÁ
Curso de Turismo

Caro Colega, sua colaboração nos é preciosa! Você não precisa se identificar. Por isso, pedimos a especial gentileza de que responda as perguntas de forma sincera e condizente com a sua condição ou situação com relação aos motivos que o levaram a participar do XX CBT.

O sucesso de nossa pesquisa está diretamente relacionado com a sinceridade das respostas. Agradecemos sua atenção e que sua participação no XX CBT ocorra da forma que você espera. Muito obrigado e conte conosco, sempre!

Alison: alison@unioeste.br – Augusto: gutotur@bol.com.br – Pablo: perofer80@hotmail.com

1. Você é:

   ( ) Estudante de Turismo ( ) Bacharel em Turismo ( ) Profissional da área

   Idade: ________ Sexo: ( ) Masculino ( ) Feminino Cidade/UF ____________

2. Você já teve acesso ao tema que será discutido XX CBT?

   ( ) SIM ( ) NÃO

3. Você buscou informar-se sobre os palestrantes e/ou expositores de tema convidados a participarem do XX CBT?

   ( ) SIM ( ) NÃO

4. Ao decidir participar desta edição do CBT, você buscou obter informações sobre os atrativos turísticos de Natal?

   ( ) SIM ( ) NÃO

5. Considere que o CBT 2000 estivesse acontecendo na mesma região turística onde foi realizado o último evento que você participou (CBT ou outro). O seu interesse de participação seria o mesmo?

   ( ) SIM ( ) NÃO

6. Você já se planejou com relação aos passeios turísticos que pretende fazer em Natal?

   ( ) SIM ( ) NÃO

Responda à pergunta abaixo atribuindo uma ordem de importância de 0 (zero) a 5 (cinco) para as questões apresentadas, ou seja, a resposta que mais se aproximar de sua realidade/condição você pontuará com (5) e à mais distante de sua realidade você atribuirá (0) e assim consecutivamente com as respostas intermediárias (4, 3, 2, 1).

Pergunta: *O que mais pesou na sua decisão em participar do XX CBT em Natal (RN)?*

( ) Inteirar-se com colegas acadêmicos e ou profissionais do setor para trocar informações sobre o mercado turístico e/ou impressões sobre as faculdades de Turismo onde cada um estudou ou estuda.

( ) Você não gozou férias no ano de 1999 e está aproveitando a oportunidade da realização do XX CBT para conciliar descanso com aperfeiçoamento profissional.

( ) Oportunidade de conhecer pessoas novas e/ou rever colegas.

( ) Oportunidade de conhecer e/ou rever os atrativos turísticos de Natal.

( ) Identificou-se com a temática que será tratada durante o evento.

( ) Porque o certificado de um evento específico da área de turismo é primordial para o currículo profissional de um Bacharel em Turismo quando este for buscar um emprego.

Exemplo: ( ) Você não gozou férias no ano de 1999 e está aproveitando a oportunidade da realização do XX CBT para conciliar descanso com aperfeiçoamento profissional. ** *Foi o que determinou você a participar do evento.*

( ) Oportunidade de conhecer pessoas novas e ou rever colegas. ** *Foi o que MENOS pesou na sua decisão.*

Optou-se por esse método, pois o contato direto seria impossível. É aceitável que o contato direto traria maior credibilidade ao trabalho, porque as perguntas surpreenderiam os entrevistados, não lhes dando oportunidade de serem influenciados por respostas ou questões anteriores; todavia o método adotado tende a corresponder às expectativas, pois o questionário buscou ser objetivo e claro.

Analisaram-se separadamente os dados coletados dos acadêmicos de Curitiba e Foz do Iguaçu e os de Salvador por acreditar-se que os perfis dos estudantes do Sul, como foram denominados, são relativamente semelhantes e um pouco diferentes se confrontados com os do Nordeste, como foram denominados os estudantes de Salvador. Pelo questionário, pôde-se identificar não apenas a localidade do estudante, mas também o sexo e a idade, para que posteriormente fossem confrontados com os dados da ICCA (*International Congress and Convention Association*), que traçou algumas estatísticas do mercado de eventos, como tipos distribuídos pelo mundo, perfil dos participantes (idade, sexo, profissão etc.), participação do setor de eventos na economia mundial e outros dados relacionados.

Os questionários foram entregues a um orientador conhecido de um dos autores do trabalho, que posteriormente os aplicou aos acadêmicos presentes ao XX CBT em Natal. Por fax, foram enviadas as questões para Curitiba e Salvador, sendo os acadêmicos de Foz do Iguaçu entrevistados por um grupo de trabalho (Tabelas 10.1, 10.2 e 10.3). Num primeiro instante, a parte escrita do trabalho limitou-se somente à comparação entre as duas regiões geograficamente opostas. Todavia, para garantir maior veracidade à pesquisa de campo, ficou estipulada a aplicação dos questionários em Belo Horizonte, Porto Alegre e Recife, cujos dados seriam apresentados no trabalho como complemento, independentemente do resultado estatístico dessas respectivas pesquisas.

Tabela 10.1 – Tabulação dos dados dos questionários de Foz do Iguaçu (8 questionários)

Questão	*Sim*	*Não*
1	Idade Média: 19,7 anos	
2	06 = 75,0%	02 = 25,0%
3	00 = 00%	08 = 100%
4	07 = 87,5%	01 = 12,5%
5	03 = 37,5%	05 = 62,5%
6	02 = 25,0%	06 = 75,0%
Atribuição de peso às respostas escolhidas pelos estudantes de Foz do Iguaçu à questão 1		

►

Tabela 10.1 – *(Cont.)* Tabulação dos dados dos questionários de Foz do Iguaçu (8 questionários)

Questão	*Peso*					
	0	*1*	*2*	*3*	*4*	*5*
A	–	–	2	1	2	3
B	4	3	–	–	1	–
C	2	1	1	4	–	–
D	–	1	1	1	1	4
E	1	1	3	–	2	1
F	1	2	1	2	2	–

Tabela 10.2 – Tabulação dos dados dos questionários de Curitiba (23 questionários)

Questão	*Sim*	*Não*
1	Idade Média: 19,6 anos	
2	18 = 78,2%	05 = 21,8%
3	07 = 30,0%	16 = 70,0%
4	18 = 78,2%	05 = 21,8%
5	15 = 65,2%	08 = 34,8%
6	10 = 43,4%	13 = 56,6%

Atribuição de peso às respostas escolhidas pelos estudantes de Curitiba

Questão	*Peso*					
	0	*1*	*2*	*3*	*4*	*5*
A	1	4	4	3	5	6
B	11	2	2	3	1	4
C	6	3	4	4	4	2
D	–	3	6	2	6	6
E	1	7	3	5	4	3
F	4	4	4	6	3	2

Tabela 10.3 – Tabulação dos dados dos questionários de Salvador (16 questionários)

Questão	*Sim*	*Não*
1	Idade Média: 19,8 anos.	
2	08 = 50,0%	08 = 50,0%
3	07 = 43,7%	09 = 56,3%
4	10 = 62,5%	06 = 37,5%
5	15 = 93,7%	01 = 06,3%
6	05 = 31,2%	11 = 68,8%

Atribuição de peso às respostas escolhidas pelos estudantes de Salvador

Tabela 10.3 – *(Cont.)* Tabulação dos dados dos questionários de Salvador (16 questionários)

Questão	*Peso*					
	0	*1*	*2*	*3*	*4*	*5*
A	–	2	1	5	2	6
B	7	2	3	3	1	–
C	–	1	2	3	6	4
D	4	4	–	2	3	3
E	2	5	3	1	2	3
F	3	2	7	2	2	–

Interpretação dos Gráficos

Gráficos de Foz do Iguaçu

Tendo como público os acadêmicos de Turismo da Unioeste (Universidade Estadual do Oeste do Paraná), observou-se que 50% do universo que participou do XX CBT optaram pelos atrativos turísticos como principal motivação da viagem. Além desse fator, 35,5% optaram pela oportunidade de inteirar-se com colegas e/ou profissionais do setor; outros 12,5%, por terem se identificado com a temática do evento.

Tratando-se dos fatores que menos influenciaram na decisão de participar deste evento, 50% dos alunos de Foz do Iguaçu escolheram a oportunidade de conciliar o congresso com as férias atrasadas. O segundo aspecto que menos interessou aos acadêmicos foi a oportunidade de conhecer pessoas novas ou rever colegas, que adquiriu 25% das respostas (Fig. 10.1).

Gráfico de maior motivação *(peso cinco)* por parte dos congressistas do XX CBT

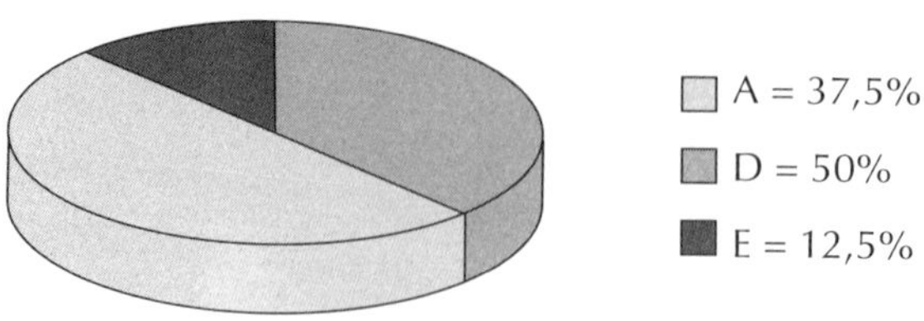

Figura 10.1 – Gráficos de Foz do Iguaçu.

Gráfico de menor motivação *(peso zero)* por parte dos congressistas do XX CBT

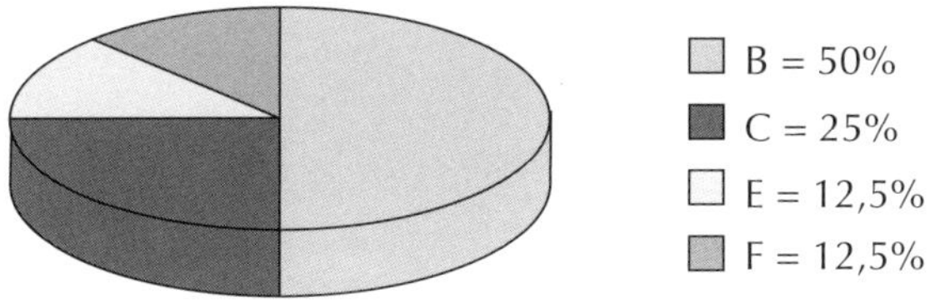

Legenda:

A = Inteirar-se com colegas acadêmicos e/ou profissionais do setor.

B = Não gozou de férias passadas e conciliou com o XX CBT.

C = Oportunidade de conhecer pessoas novas e/ou rever colegas.

D = Oportunidade de conhecer e/ou rever atrativos turísticos de Natal.

E = Identificou-se com a temática do Congresso.

F = Certificado específico da área é fundamental para o currículo profissional.

Figura 10.1 – *(Cont.)* Gráficos de Foz do Iguaçu.

Gráficos de Curitiba

No universo dos alunos de Turismo de Curitiba, percebeu-se que a realidade não se alterou muito. Afinal os principais fatores de influência na participação, assim como em Foz do Iguaçu, foram os atrativos turísticos que, juntamente ao interesse de inteirar-se com pessoas ligadas ao turismo, obtiveram 26% (Fig. 10.2).

Algo interessante observado entre os acadêmicos curitibanos foi a escolha da questão B como a terceira mais assinalada entre as principais motivações, tendo 17,3%, e a primeira entre as opções de menor influência, com 47,8%.

Gráficos de Salvador

No que se refere aos acadêmicos soteropolitanos, percebeu-se que o fator que mais influenciou na decisão em participar do XX CBT em Natal foi a oportunidade de interagir com pessoas ligadas ao turismo, com 37,5% das escolhas, seguida pela oportunidade de conhecer novas pessoas, com 25% do total (Fig. 10.3).

Interessante observar que o fator atrativo turístico entre os acadêmicos de Salvador foi escolhido como a terceira opção mais assinalada, com apenas 8,7%; entre as de menor influência, entretanto, foi a segunda colocada, com 25%, deixando clara a importância do fator localidade sobre a tomada de decisão.

Gráfico de maior motivação *(peso cinco)* por parte dos congressistas do XX CBT

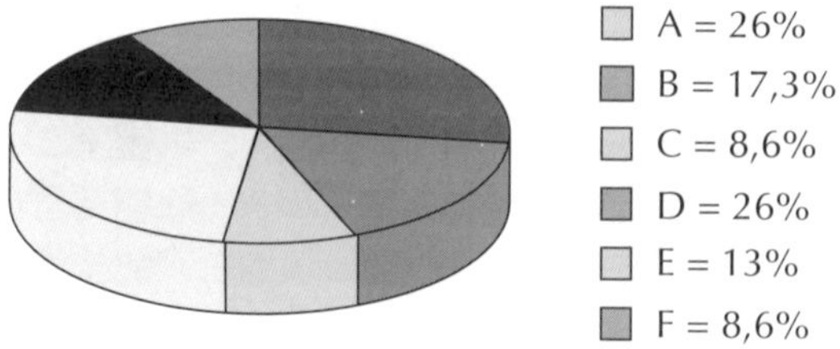

Gráfico de menor motivação *(peso zero)* por parte dos congressistas do XX CBT

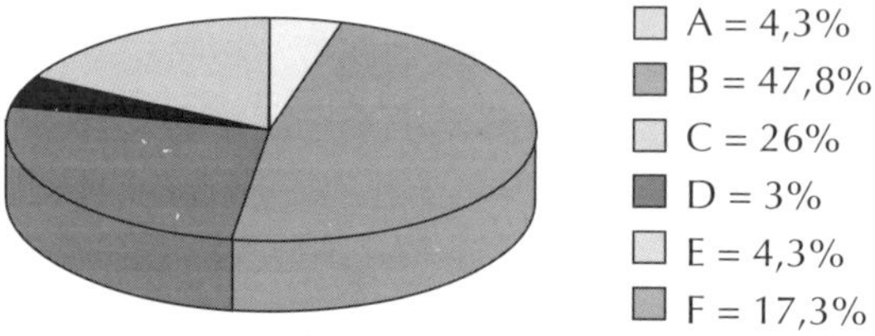

Figura 10.2 – Gráficos de Curitiba.

Gráfico de maior motivação *(peso cinco)* por parte dos congressistas do XX CBT

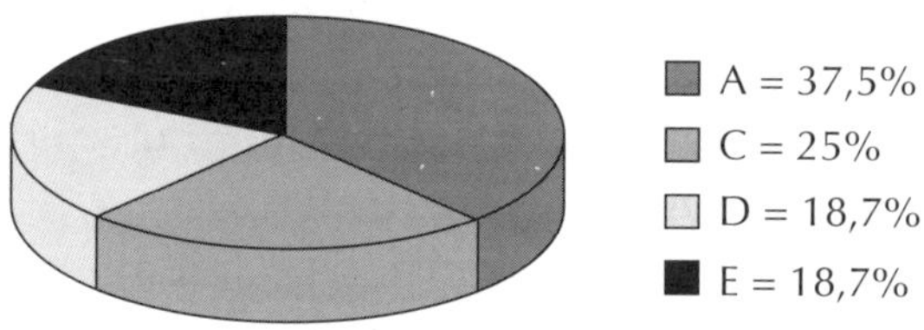

Gráfico de menor motivação *(peso zero)* por parte dos congressistas do XX CBT

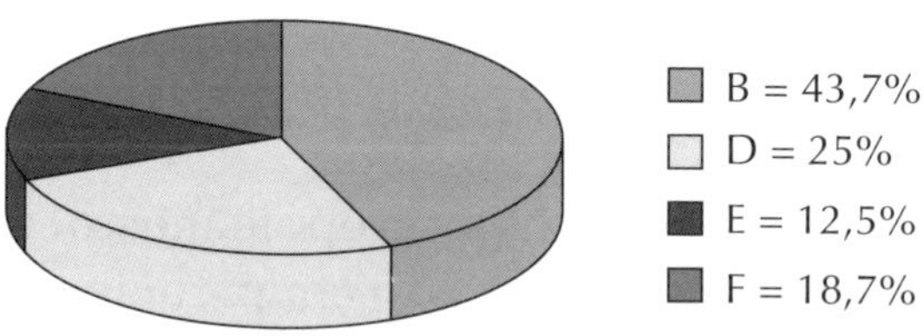

Legenda:

A = Inteirar-se com colegas acadêmicos e/ou profissionais do setor.

B = Não gozou de férias passadas e conciliou com o XX CBT.

C = Oportunidade de conhecer pessoas novas e/ou rever colegas.

D = Oportunidade de conhecer e/ou rever atrativos turísticos de Natal.

E = Identificou-se com a temática do Congresso.

F = Certificado específico da área é fundamental para o currículo profissional.

Figura 10.3 – Gráficos de Salvador.

Análise da Pesquisa

Em conseqüência à pesquisa e à formação dos gráficos (Figs. 10.1, 10.2 e 10.3), puderam-se analisar os resultados que serão apresentados conforme os objetivos do trabalho.

Como anteriormente traçado, seria verificado se os dados desta pesquisa, ou seja, se o perfil dos acadêmicos que participam do CBT estaria dentro das estimativas de algumas fontes estatísticas já mencionadas anteriormente. Constatou-se que, entre o universo pesquisado, o atrativo turístico foi um dos principais motivos pelos quais os acadêmicos foram ao evento em Natal, principalmente entre os alunos de Foz do Iguaçu, cuja pesquisa apontou 50% dos congressistas. Em Curitiba, essa foi a motivação para 26% dos entrevistados, juntamente com outros 26% que iriam ao congresso principalmente para interagir com colegas acadêmicos e/ou profissionais do setor para trocar informações sobre o mercado turístico e/ou impressões sobre as faculdades de Turismo. Todavia, como esperado e apresentado para confirmar outra hipótese, a porcentagem de alunos de Salvador que elegeram os atrativos turísticos como sua principal motivação foi de 18,7%. Na realidade, por estarem mais próximos ao tipo de atrativo apresentado por Natal, os acadêmicos de Salvador tiveram motivações mais intensas em outros fatores do que propriamente nos atrativos turísticos. Como se observa, o desejo de inteirar-se com colegas acadêmicos ou profissionais de turismo, entre os estudantes de Salvador, obteve 37,5% da preferência.

Essa aparente contradição desfaz-se no momento em que se leva em conta o principal apelo turístico de Natal, ou seja, o litoral. Por Salvador possuir atrativos similares a Natal, os acadêmicos desta cidade podem não sentir-se tão atraídos. Já Curitiba é conhecida como capital ecológica, tendo em sua qualidade de vida e diversidade cultural seus maiores apelos. Foz do Iguaçu, por sua vez, possui um atrativo turístico singular, as "Cataratas do Iguaçu", está situada no coração do Mercosul e tem como vizinho um grande centro de compras, Ciudad del Este, que ainda atrai muitos compristas.

Entre as questões de "sim ou não", o que se pode perceber é que, além dos acadêmicos do Sul, os soteropolitanos também mostraram um considerável interesse pelo aspecto atrativo de Natal, afinal grande porcentagem deles (62,5%) optaram por "sim" na questão 4, que os indagava a respeito da busca de informações sobre os atrativos turísticos da cidade de Natal. Além dessas respostas, o fato de muitos acadêmicos desse pólo não terem se informado a respeito do tema (50%) ou dos palestrantes (56,3%), como mostram as respectivas questões 2 e 3, subentende que o interesse pode estar no congresso em si, mas o fator turismo, tendo Natal como alvo, é bem marcante. Diante desse tipo de questionamento, percebe-se que, mesmo interessados pelo atrativo turístico, com 87,5% em Foz do Iguaçu e 78,2% em Curitiba na questão 2, muitos acadêmicos do Sul mostraram-se interessados pela temática, evidenciando a conciliação dos dois interesses por essa demanda.

Para complementar o trabalho, diante dos dados também se pôde constatar que algumas variáveis do perfil de participantes de eventos pelo mundo, como sexo e idade, não se aplicaram ao segmento de demanda do XX CBT, como era de se esperar; afinal, as fontes indicam que a maior parte dos participantes (62%) são homens e somente 38% são mulheres e a média de idade de maior participação está compreendida entre 40 e 49 anos. Segundo essa pesquisa, pode-se constatar que, entre os estudantes, a média de idade está entre 19 e 20 anos e a participação feminina vem com 63%, restando aos homens apenas 37% da demanda (Fig. 10.4).

Gráfico de maior motivação *(peso cinco)*
por parte dos congressistas do XX CBT

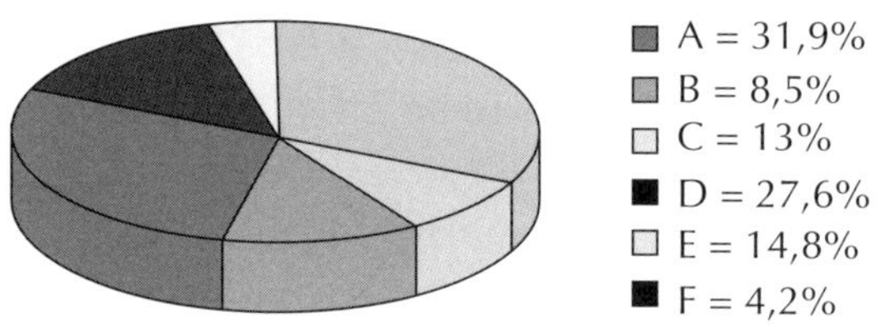

Gráfico de menor motivação *(peso zero)*
por parte dos congressistas do XX CBT

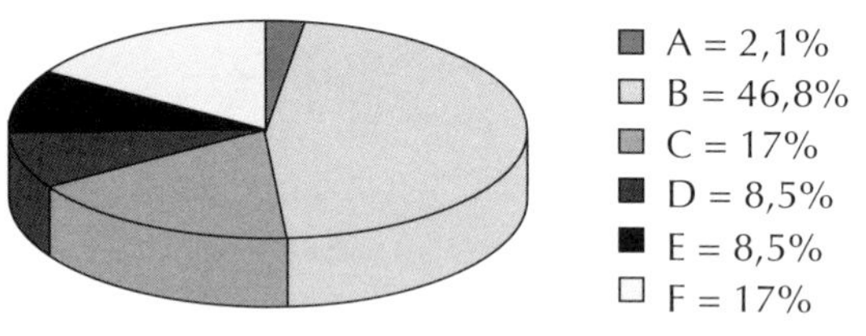

Legenda:

A = Inteirar-se com colegas acadêmicos e/ou profissionais do setor.

B = Não gozou de férias passadas e conciliou com o XX CBT.

C = Oportunidade de conhecer pessoas novas e/ou rever colegas.

D = Oportunidade de conhecer e/ou rever atrativos turísticos de Natal.

E = Identificou-se com a temática do Congresso.

F = Certificado específico da área é fundamental para o currículo profissional.

Figura 10.4 – Resultados do total pesquisado.

CONCLUSÃO

A avaliação do grau de interesse dos acadêmicos que participariam do XX CBT, comparando os dados com estatísticas já realizadas e a análise do interesse pelo fator atrativo turístico, juntamente com a verificação das hipóteses vindas desses objetivos, mostraram que os dados compilados confirmam a influência dos atrativos turísticos, especificamente de Natal, sobre o universo entrevistado, mesmo em relação aos acadêmicos do Nordeste que, apesar de terem outros motivos de maior influência, demonstraram certo interesse sobre esse objeto de estudo.

Referências Bibliográficas

CESCA, C.G.G. *Organização de Eventos*. São Paulo, Summus, 1997.
GIL, A.C. *Projetos de Pesquisa*. São Paulo, Atlas, 1996.
MEIRELLES, G.F. *Tudo sobre Eventos*. São Paulo, STS, 1999.
MELO NETO, F.P.M. *Marketing de Eventos*. Rio de Janeiro, Sprit, 1999.

Capítulo 11

Eventos no Litoral do Paraná e o Problema da Sazonalidade

LUCIANE DE FÁTIMA NERI

Resumo

A sazonalidade do turismo, bem como os problemas causados em conseqüência desse fenômeno, são abordados neste trabalho, que procura analisar os eventos programados para o ano 2000 nos municípios do litoral do Paraná, enfocando principalmente aqueles que mais sofrem em conseqüência da carência de demanda na baixa temporada, propondo a realização de eventos durante o ano inteiro a fim de diminuir os impactos por ela causados.

Palavras-chave: *Turismo no litoral; sazonalidade; eventos.*

INTRODUÇÃO

O Estado do Paraná possui uma das menores costas litorâneas do Brasil, com apenas 98km. A região abrange sete municípios: Guaratuba, Matinhos, Pontal do Paraná, Morretes, Antonina, Paranaguá e Guaraqueçaba; a baía de Paranaguá, formada pelas baías das Laranjeiras, de Antonina, dos Pinheiros e de Guaraqueçaba; e a baía de Guaratuba, além de diversas ilhas, como a do Mel, da Cotinga, Valadares, Peças, Superagüi, das Cobras, Rasa, Itacolomi, entre outras.

Dentre os sete municípios litorâneos, apenas três são balneários: Matinhos, Pontal do Paraná e Guaratuba. Os outros são municípios históricos como Paranaguá, a primeira cidade fundada no Estado.

O turismo é uma das principais atividades econômicas do litoral, juntamente com a agricultura e a pesca. Como não é uma atividade constante na região, os municípios sofrem com a sazonalidade, principalmente os municípios balneários, que têm seu produto com base no modelo sol e praia.

Levando-se em consideração que evento é a soma de ações previamente planejadas com o objetivo de alcançar resultados definidos junto ao seu público alvo (Canton, 1997), buscou-se analisar o setor de eventos no litoral do Paraná, bem como mostrar que esta é uma alternativa para minimizar os impactos causados pela sazonalidade do turismo na região.

Somente foram considerados os eventos que constam do calendário oficial de eventos 2000 do Paraná. Pelos dados coletados, fez-se uma análise dos eventos quanto ao tipo, período de realização e municípios que mais têm eventos programados para o ano.

Uma pesquisa de demanda turística, realizada em 1998, levantou o perfil do visitante da festa feira agrícola de Morretes, evento considerado muito importante para a região.

Com tais dados puderam ser feitas propostas para o melhor aproveitamento deste atrativo, capaz de captar visitantes o ano inteiro pois, segundo Cury e Rejowski (1997), "quer sejam de caráter científico, comercial, cultural, quer sejam políticos ou sociais, constituem-se na verdade em atrativos turísticos, na medida em que exercem atração junto a pessoas que não residam no núcleo-sede do evento".

Eventos Programados para o Litoral no Ano 2000

De acordo com o Calendário de Eventos do Estado do Paraná 2000, foram programados 39 eventos nos municípios de Guaratuba, Matinhos, Pontal do Paraná, Morretes, Antonina e Paranaguá. O município de Guaraqueçaba não contou com nenhuma programação (Anexos 1, 2 e 3).

No Brasil, os eventos mais tradicionais são aqueles ligados às manifestações populares folclóricas e nos significados religiosos.

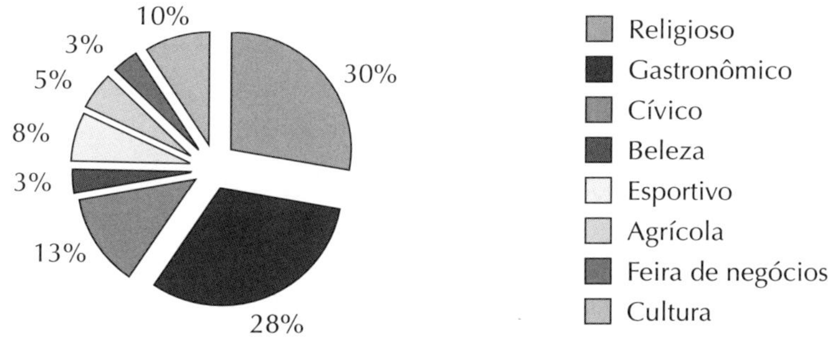

Figura 11.1 – Tipos de eventos no litoral (calendário de eventos do Paraná 2000).

A Figura 11.1 mostra que a maioria dos eventos realizados na região litorânea são do tipo religioso. São geralmente festas tradicionais com novenas, missas e procissões pelas ruas das cidades, almoço típico com barreado ou frutos do mar, churrasco de búfalo, barracas para comercialização de artesanato e produtos típicos da região e tantas outras atrações.

Os eventos gastronômicos também são muito realizados no litoral, principalmente nos municípios de Morretes, Antonina e Paranaguá, que preservam mais fortemente os traços histórico-culturais. Essas cidades guardam belos exemplares da arquitetura portuguesa do século XIX, bem como importantes obras de arte sacra em suas igrejas seculares.

Dentre os eventos gastronômicos destacam-se os voltados para aquele que é considerado o único prato genuinamente paranaense, o barreado. Produtos típicos como cachaça, caranguejo, siri, tainha e frutos do mar são motivo de festa no litoral paranaense, onde aniversários de municípios são comemorados com solenidades cívicas, apresentações folclóricas, desfiles, jogos, gincanas, *shows* e outros atrativos.

Os eventos de cunho cultural são realizados principalmente na baixa temporada, como o Festival de Inverno de Antonina, organizado pela UFPR (Universidade Federal do Paraná) que, na sua décima versão (1999), ofereceu ao público um pacote de arte e cultura, com cursos e oficinas nas áreas de artes plásticas, teatro, música, literatura e arte-educação, além de 30 espetáculos públicos destinados aos turistas e moradores.

A Ilha do Mel também realizou um Festival de Inverno no mês de julho do mesmo ano, porém com uma conotação diferente do de Antonina. O Festival da Ilha promove uma confraternização gastronômica entre moradores e visitantes, com apresentação de pratos típicos, eleição da sereia e animado forró na Praia das Encantadas.

Os eventos esportivos referentes ao ano 2000 contaram com apenas três programações, sendo duas delas na Ilha do Mel e uma em Guaratuba.

Apesar de a agricultura ser uma das principais atividades econômicas do litoral, no calendário de eventos constaram apenas dois eventos agrícolas na região, um em Morretes e outro em Antonina.

A área de negócios contou com apenas uma feira em Paranaguá e somente um evento social foi programado em Caiobá.

Sazonalidade do Turismo e o Setor de Eventos

Uma das principais características do turismo é a tendência de concentrar-se no tempo e no espaço, fenômeno chamado sazonalidade (Ruiz, 1997). Portanto, existe um período de alta temporada (*peak season*), no qual ocorre a maior concentração de turistas e um período de baixa temporada (*off-peak season*), em que a demanda é menor. Também se pode citar uma temporada intermediária (*shoulder season*).

A sazonalidade é um dos principais problemas da "indústria turística". No período de alta temporada produzem-se fenômenos de saturação como congestionamentos em estradas, carência no abastecimento de água e energia elétrica, falta de rede de esgoto, aumento da poluição das águas e ruídos, ao contrário do período de baixa estação, quando muitas empresas são obrigadas a fechar por falta de demanda, causando desemprego à população local.

Levando-se em conta a tendência dos turistas potenciais tirarem férias no verão (por causa do tempo ou das férias escolares), é natural que a maior concentração deles ocorra nesse período. As principais causas da sazonalidade são:

- Inatividade das empresas na alta temporada;
- Férias escolares;
- Hábitos e costumes da população;
- Clima;
- Reafirmação de classe: emulação (*status*).

A sazonalidade é conseqüência do turismo de massa, o que caracteriza a atividade turística nas regiões litorâneas.

Existem dois tipos de sazonalidade: a de demanda e a da oferta. Contra a primeira pode-se lutar por meio de medidas para evitar estas grandes concentrações de veraneio e repartir a demanda no decorrer do ano. Tais medidas podem ser: incentivar os trabalhadores a tirar férias em períodos fora do verão, oferecendo preços mais atraentes, promoção do turismo social ou de outros tipos de turismo que não estejam condicionados ao clima.

A sazonalidade da oferta (dos recursos naturais) é mais difícil de superar, visto que não se pode lutar contra o clima. Certas medidas poderão minimizar o problema, como a criação de novos produtos que não tenham o clima como fator determinante.

No litoral paranaense, esta sazonalidade é bastante evidente. No verão, os municípios de Matinhos, Pontal do Paraná e Guaratuba recebem um número bastante elevado de turistas. Calcula-se que 1 milhão de pessoas está no litoral nos meses de janeiro e fevereiro. No restante do ano, a atividade turística praticamente inexiste nos balneários.

Situação diferente vivem os municípios de Morretes, Antonina e Paranaguá. Por não terem o produto turístico centrado em sol e praia, recebem turistas praticamente o ano inteiro, havendo sazonalidade durante a semana. Os fins de semana são muito solicitados por turistas, inclusive estrangeiros, que descem para o litoral de trem, num tradicional passeio pela Serra do Mar.

Nestes municípios, o produto gira em torno dos atrativos históricos e culturais, principalmente sobre a gastronomia e produtos típicos da região.

O Calendário de Eventos 2000 mostrou que os municípios que possuem mais eventos na região litorânea são justamente os que não dependem de sol e praia. Estes municípios aproveitam melhor o período de baixa estação (Fig. 11.2).

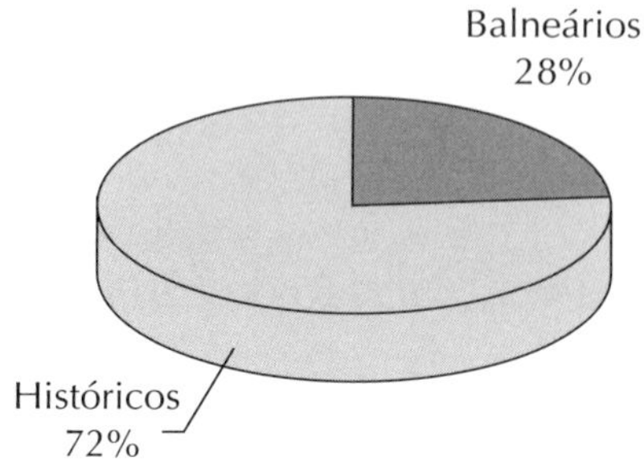

Figura 11.2 – Total de eventos no litoral (calendário de eventos do Paraná 2000).

A maior concentração de eventos está entre abril e setembro, período que caracteriza a baixa temporada. Na Figura 11.3, observa-se que o mês de julho conta com o maior número, totalizando oito, sendo três culturais, dois religiosos, dois gastronômicos e um cívico.

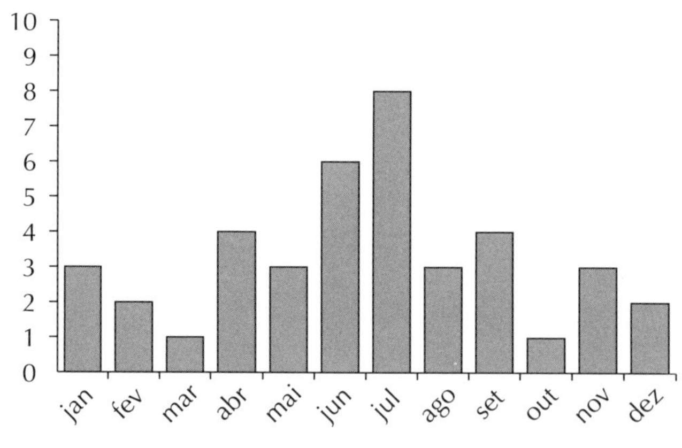

Figura 11.3 – Eventos por mês no litoral (calendário de eventos do Paraná 2000).

Os meses menos aproveitados para eventos são março e outubro. Em março realiza-se o Campeonato de *Paragliding* na Ilha do Mel e, em outubro, comemora-se o aniversário do município de Morretes.

Infra-estrutura para Realização de Eventos

Paranaguá é o único município com uma boa infra-estrutura de locais para eventos: são 15 locais com capacidade variando entre 50 e 800 lugares e dois ginásios de esportes, comportando mais de 8.000 pessoas (Anexo 4).

Em Matinhos, há um Centro de Convenções com capacidade para 800 pessoas, localizado no balneário de Caiobá.

No município de Pontal do Paraná encontra-se o Centro Cultural Poliesportivo Associação Banestado, que conta com um ginásio de esportes e boa estrutura de hospedagem e alimentação.

Os outros municípios não têm recursos adequados para a promoção de eventos.

Perfil do Turista que Freqüenta a Feira Agrícola e Artesanal de Morretes

Uma pesquisa feita na Feira Agrícola de Morretes levantou o perfil do seu visitante.

A Tabela 11.1 mostra que 86,7% das pessoas que visitaram a Feira tinham residência permanente num raio de aproximadamente 100km.

Tabela 11.1 – Local de residência permanente do entrevistado*

Local	%
Curitiba e Região Metropolitana	51,1%
Litoral	35,6%
Outras cidades do Paraná	8,9%
Outros Estados	4,4%

Fonte: Paraná Turismo, 1998.

Mais de 60% dos entrevistados estavam com a família, tinham mais de 30 anos de idade e renda média acima de R$ 1.300,00. O gasto médio na festa foi de R$ 13,40.

Um grande percentual (78,9%) (Tabela 11.2) viajou em veículo particular, o que facilitou o acesso. Constatou-se também que 89,9% dos entrevistados foram a Morretes para participar do evento; os demais estava no município por outros motivos e aproveitou para visitar a Feira.

Tabela 11.2 – Meio de transporte utilizado para chegar ao local

Transporte	%
Automóvel	70,1%
Ônibus	18,9%
Motocicleta	4,4%
Utilitário	4,4%
Trem	2,2%

Fonte: Paraná Turismo, 1998.

Este é um exemplo do tipo de turista que freqüenta os eventos do litoral. Como a maioria dos acontecimentos é do tipo religioso e gastronômico, provavelmente o perfil do turista não se altere muito, a não ser em encontros esportivos, que atraem mais jovens e desportistas.

Conclusão

O litoral do Paraná tem um excelente potencial para desenvolver o turismo. Porém, como a maioria dos municípios litorâneos do sul do Brasil, sofre com a sazonalidade da atividade turística.

Eventos poderiam solucionar parte dos problemas causados pela demanda inexpressiva da baixa temporada.

Para incrementar o setor, é necessário que se reorganize o calendário de eventos, criando-se um cronograma regional, ao invés da criação de eventos isolados. Percebe-se uma forte tendência para eventos do tipo religioso e gastronômico, porém existe potencial para aqueles esportivos, que atraiam o público mais jovem. Há também uma demanda potencial para eventos voltados para a terceira idade, atualmente não aproveitada.

A proximidade com Curitiba (cerca de 100km), o maior centro emissor de turistas para o litoral paranaense e o clima, quente e úmido no verão e seco com temperatura amena no inverno, são fatores positivos para a organização de eventos no período de baixa temporada na região litorânea.

Para melhor aproveitamento do setor de eventos, sugere-se:

- Adequar locais nos municípios que tenham carência de estrutura para realização de eventos;

- Realizá-los com profissionais capacitados em organização de eventos;
- Resgatar costumes da cultura local como danças típicas, música e artesanato para diversificar o produto turístico;
- Promover cursos de artesanato, aproveitando matéria-prima existente na região litorânea;
- Incentivar a produção artesanal em cooperativas;
- Atrair para a região eventos do tipo esporte de praia, como vôlei e futebol de areia;
- Incentivar eventos voltados para a natureza, principal patrimônio do litoral;
- Criar eventos visando a atrair os proprietários de segundas residências no litoral, nos finais de semana e feriados prolongados;
- Criar eventos segmentados, aproveitando uma demanda potencial de jovens e pessoas da 3ª idade, entre outros.

Anexos

Anexo 1

Calendário de Eventos

Guaratuba

Evento	*Data*	*Tipo*
Rainha das Praias do Paraná	30 de janeiro	Beleza
Aniversário do município	29 de abril	Cívico
Festa de São José Operário	maio	Religioso
Festa do Pescador	29 junho a 1 julho	Gastronomia
Festa do Divino Espírito Santo	julho	Religioso
V Torneio Sul Brasileiro de Canto Curió Fibra	setembro	Cultural
Campeonato de Pesca de Arremesso	novembro	Esportivo

Matinhos

Evento	*Data*	*Tipo*
Festa do Padroeiro São Pedro	12 a 29 junho	Religioso
Aniversário do município	12 junho	Cívico
Festival Gastronômico	3 a 8 setembro	Gastronômico

Morretes

Evento	*Data*	*Tipo*
Festa de São Sebastião	23 janeiro	Religioso
I Festa da Cachaça	4 a 6 fevereiro	Gastronômico
XVII Festa Feira Agrícola e Artesanal	29 abril a 7 maio	Agrícola/ gastronômico
Festa da Padroeira Nossa Sra. do Porto	30 agosto a 8 setembro	Religioso
II Festa do Barreado	2 a 10 setembro	Gastronômico
Aniversário do município	31 outubro	Cívico

Antonina

Evento	*Data*	*Tipo*
III Festival do Siri	5 a 30 abril	Gastronômico
Festa do Barreado Típico	26 a 28 maio	Gastronômico
VIII Exponina – Feira de Produtos Agrícolas e Artesanais de Antonina	junho	Agrícola/ gastronômico
X Festival de Inverno	8 a 15 de julho	Cultural
Festa de Nossa Senhora do Pilar	6 a 15 agosto	Religioso
Aniversário do município	6 novembro	Cívico
VI Festa do Caranguejo	1 a 10 dezembro	Gastronômico

Pontal do Paraná

Evento	*Data*	*Tipo*
VII Festa do Turismo e Frutos do Mar	15 a 23 julho	Gastronômico

Paranaguá

Evento	*Data*	*Tipo*
Festa de N. Sra. dos Navegantes	28 janeiro a 6 fevereiro	Religioso
IV Exposafra – Feira Interativa para Caminhoneiros	maio	Feira de negócios
Festa da Tainha e do Pescador	23 a 29 junho	Esportivo/ gastronômico
Aniversário do município	15 a 29 julho	Cívico
IV Salão de Artes Plásticas	20 julho a 31 agosto	Cultural
Festa da Padroeira N. Sra. do Rosário	29 setembro a 8 outubro	Religioso
Festa de N. Sra. do Rocio	1 a 30 novembro	Religioso
Festa de São Benedito	23 dez a 1 janeiro	Religioso

Ilha do Mel

Evento	*Data*	*Tipo*
Festa de N. Sra. dos Navegantes	4 a 6 fevereiro	Religioso
Campeonato de *Paragliding*	11 a 12 março	Esportivo
Fest Pague	16 abril	Esportivo
Festival de Inverno	1 a 9 julho	Cultural/ gastronômico
Festa de N. Sra. dos Prazeres	14 a 16 julho	Religioso
VI Festa da Tainha	21 a 23 de julho	Gastronômico
II Franguilha	25 a 27 agosto	Gastronômico

Anexo 2

Eventos por Tipo

Tipo	*Evento*
Religioso	♦ Festa de S. Sebastião ♦ Festa de N. Sra. dos Navegantes ♦ Festa de N. Sra. dos Navegantes / Ilha ♦ Festa de S. João Operário ♦ Festa do Padroeiro S. Pedro ♦ Festa do Divino Espírito Santo ♦ Festa de N. Sra. dos Prazeres ♦ Festa de N. Sra. do Pilar ♦ Festa da Padroeira N. Sra. do Porto ♦ Festa da Padroeira N. Sra. do Rosário ♦ Festa de N. Sra. do Rocio ♦ Festa de S. Benedito
Gastronômico	♦ Festa da Cachaça ♦ III Festa do Siri ♦ Festa do Barreado Típico ♦ Festa da Tainha ♦ Festa do Pescador ♦ VII Festa do Turismo e Frutos do Mar ♦ Festa da Tainha ♦ II Franguilha ♦ Festival Gastronômico ♦ II Festa do Barreado ♦ VI Festa do Caranguejo
Cívico	♦ Aniversário de Guaratuba ♦ Aniversário de Matinhos ♦ Aniversário de Paranaguá ♦ Aniversário de Morretes ♦ Aniversário de Antonina
Beleza	♦ Rainha das Praias

►

Eventos por Tipo *(Cont.)*

Tipo	*Evento*
Esportivo	♦ Campeonato de *Paragliding*
	♦ Fest Pague
	♦ Campeonato de Pesca de Arremesso
Agrícola	♦ XVIII Festa Feira Agrícola e Artesanal
	♦ VIII Exponina
Feira de negócios	♦ IV Exposafra
Cultural	♦ Festival de Inverno / Ilha
	♦ X Festival de Inverno
	♦ IV Salão de Artes Plásticas
	♦ V Torneio Sul Brasileiro de Canto Curió Fibra

Anexo 3

Eventos por Mês

Mês	*Data – Duração – Evento*	*Tipo*
Janeiro	• 23: Festa S. Sebastião	• Religioso
	• 28 janeiro a 6 fevereiro: Festa N. Sra. Navegantes	• Religioso
	• 30: Rainha das Praias	• Beleza
Fevereiro	• 4 a 6: I Festa da Cachaça	• Gastronômico
	• 4 a 6: Festa de N. Sra. dos Navegantes	• Religioso
Março	• 11 e 12: Campeonato de *Paragliding*	• Esportivo
Abril	• 5 a 30: III Festival do Siri	• Gastronômico
	• 16: Fest Pague	• Esportivo
	• 29: Aniversário Guaratuba	• Cívico
	• 29 a 7 maio: XVII Festa Feira Agrícola Artesanal	• Agrícola/gastronômico
Maio	• Festa de São João Operário	• Religioso
	• IV Exposafra: Feira Interativa para Caminhoneiro	• Feira de negócios
	• 26 a 28: Festa do Barreado Típico	• Gastronômico
Junho	• VIII Exponina: Feira de Produtos Agrícolas e Artesanais de Antonina	• Agrícola
	• 12 a 29: Festa do Padroeiro S. Pedro	• Religioso
	• 12: Aniversário de Matinhos	• Cívico
	• 23 a 29: Festa da Tainha	• Gastronômico
	• 29 a 01 julho: Festa do Pescador	• Gastronômico
Julho	• Festa do Divino Espírito Santo	• Religioso
	• 1 a 9: Festival de Inverno/Ilha do Mel	• Cultural/gastronômico

►

Eventos por Mês *(Cont.)*

Mês	*Data – Duração – Evento*	*Tipo*
Julho	• 8 a 15: X Festival de Inverno • 14 a 16: Festa N. Sra. dos Prazeres • 15 a 23: VII Festa do Turismo e Frutos do Mar • 15 a 29: Aniversário de Paranaguá • 20 de julho a 31 agosto: IV Salão de Artes Plásticas • 21 a 23: Festa da Tainha	• Cultural • Religioso • Gastronômico • Cívico • Cultural • Gastronômico
Agosto	• 6 a 15: Festa de N. Sra. do Pilar • 30 agosto a 8 setembro: Festa da Padroeira N. Sra. do Porto • 25 a 27: II Franguilha	• Religioso • Religioso • Gastronômico
Setembro	• V Torneio Sul Brasileiro de Canto Curió Fibra • 3 a 8: Festival Gastronômico • 2 a 10: II Festa do Barreado • 29 setembro a 8 outubro: Festa da Padroeira N. Sra. do Rosário	• Cultural • Gastronômico • Gastronômico • Religioso
Outubro	• 31: Aniversário Morretes	• Cívico
Novembro	• Campeonato de Pesca de Arremesso • 1 a 30: Festa de N. Sra. do Rocio • 6: Aniversário de Antonina	• Esportivo • Religioso • Cívico
Dezembro	• 1 a 10: VI Festa do Caranguejo • 23 a 1 janeiro: Festa de S. Benedito	• Gastronômico • Religioso

Anexo 4

Locais para Realização de Eventos

Município	*Local*	*Capacidade (lugares)*
Paranaguá	Administração dos Portos de Paranaguá e Antonina	112
	Assoc. Comercial, Industrial e Agrícola de Paranaguá	51
	Biblioteca Pública Mun. Leôncio Correia	120
	Centro de Comércio do Café de Paranaguá	54
	Centro de Eventos Camboa	400
	Centro Municipal de Especialidades Médicas	80
	Clube Literário de Paranaguá	200
	Colégio Estadual José Bonifácio	200
	Faculdade de Filosofia, Ciências e Letras de Paranaguá	800
	Ginásio de Esportes Albertina Salmon	8000
	Ginásio de Esportes Mun. Dr. Joaquim Tramujas	3000
	Sindicato de Arrumadores de Paranaguá	350

►

Locais para Realização de Eventos *(Cont.)*

Município	*Local*	*Capacidade (lugares)*
Paranaguá	Sindicato de Condutores de Veículos Rodoviários	200
	Sindicato dos Conferentes de Carga dos Portos de Paranaguá e Antonina	40
	Sindicato dos Ensacadores de Paranaguá	360
Matinhos	Centro de Convenções de Caiobá S/A	800
Pontal do Paraná	Centro Cultural Poliesportivo Associação Banestado – Praia de Leste	1300

Referência Bibliográfica

RUIZ, C.V.; ARMAND, E.H. *Estructura y Organización del Mercado Turístico*. Madrid, Editorial Centro de Estudios Ramón Areces, 1997.

Capítulo 12

Setor de Eventos na Hotelaria. Promoção, uma Alternativa Rentável

DANIELA FANTONI ALVARES

Resumo

Os eventos na hotelaria podem trazer diversos benefícios a empresa. A necessidade de promover eventos, e não apenas captá-los, faz parte do contexto atual. O aumento da concorrência determina a mudança dos paradigmas. A busca de novas alternativas, objetivando a sustentabilidade e maior rentabilidade do hotel, é uma constante. O caso bem-sucedido do complexo turístico Pousada do Rio Quente e as vantagens obtidas pelo Copacabana Palace, Belo Horizonte Othon Palace e Hotel Sol Belo Horizonte serão analisados, assim como a atitude dos hotéis "não promotores" Boulevard Plaza, Grandville Hotel e Merit Plaza.

Palavras-chave: *Atitude empreendora; promoção de eventos; captação de receita; potencialidade; novas alternativas.*

INTRODUÇÃO

O aumento da concorrência determina a mudança dos paradigmas. A empresa hoteleira redefine as suas funções e surge a necessidade de investir, objetivando a sua sustentabilidade.

A busca de novas soluções e a escolha do caminho a seguir são constantes da alta gerência. A reestruturação do pensamento e das atitudes internas é fundamental para a sua ascensão econômica. O hotel atua não apenas como fornecedor do espaço para a realização do evento, mas também como promotor. O setor de eventos aliado ao setor de alimentos e bebidas, o planejamento estratégico executado de forma adequada, a atitude empreendedora e a possibilidade de aumentar a ocupação hoteleira, pela promoção de eventos, são fatores essenciais no contexto atual.

O caso bem-sucedido do complexo turístico Pousada do Rio Quente e as vantagens obtidas pelo Copacabana Palace, Belo Horizonte Othon Palace Hotel e Hotel Sol Belo Horizonte serão analisados.

Durante estágio supervisionado realizado no Hotel Sol Belo Horizonte, da rede Meliá, observou-se que o espaço do hotel, assim como a qualificada mão-de-obra disponível, poderiam ser mais bem aproveitadas. O interesse em pesquisar e avaliar a realidade dos outros hotéis surgiu, resultando neste trabalho técnico-científico.

A implementação do setor de eventos dos hotéis busca alternativas rentáveis para a empresa hoteleira. O incremento desse setor poderá trazer inúmeros benefícios, aumentando o fluxo de turistas e a captação de receita.

EVENTOS E TURISMO

Os eventos têm grande importância no desenvolvimento socioeconômico de uma região. Divulgam a localidade estimulando o turismo, geram empregos diretos e indiretos, promovem intercâmbio entre as pessoas e trazem novos investimentos.

Tomando como exemplo a cidade de Belo Horizonte, podemos ressaltar sua vocação turística na área de eventos e negócios. Conforme pesquisa realizada pelo Instituto Simonsen e Associados para a revista Exame, em 1998, Belo Horizonte foi conceituada a terceira melhor cidade do país para se fazer negócios. O número de eventos na cidade teve grande crescimento nos últimos anos. O Minascentro é o seu principal espaço para a realização de eventos, congressos, feiras e exposições.

A *Association of Convention and Visitors Bureau* informou que os gastos dos participantes em convenções é muito superior ao gasto dos turistas convencionais, média de US$ 680. Em Belo Horizonte, o gasto médio gira em torno de US$ 320, contra US$ 180 do turista convencional.

O turismo pode trazer diversos benefícios à comunidade, melhorando a qualidade de vida da população e incrementando o setor econômico. Os eventos devem ser uma das formas de atrair o turista.

Em hotelaria, os eventos são responsáveis por aumentar a receita da empresa e a sua promoção deve ser direcionada a gerar maior ocupação no hotel e, conseqüentemente, maior lucratividade nos setores de alimentos e bebidas e hospedagem.

Promoção de Eventos

A maioria dos hotéis não produz eventos; faz somente captação. A promotora de vendas, ao realizar visitas, oferece, além das unidades habitacionais, os espaços (salões, restaurantes, por exemplo) para realização de eventos e os serviços prestados pelo hotel.

Uma questão surge: por que vários hotéis não promovem eventos? Segundo declarações de funcionários do ramo, em virtude dos elevados custos e da necessidade de mão-de-obra especializada.

Entretanto, os hotéis "não promotores" desconhecem os benefícios que podem obter ao promover eventos. O Copacabana Palace é um dos hotéis que produzem festivais gastronômicos, encontros para agentes de viagens e a tradicional Festa de *Réveillon*. A supervisora do setor relatou que os funcionários do próprio setor suprem as necessidades para a realização de eventos. Ressaltou também a importância da promoção de eventos na captação de receitas e divulgação do hotel.

Em Belo Horizonte, dos hotéis que possuem espaço para realização de eventos, apenas 18% são promotores, além de captadores de eventos.

O Belo Horizonte Othon Palace Hotel tem a tradição de produzir *shows* diversos, coquetéis para o *trade* turístico, festivais gastronômicos e festas. O setor de eventos neste hotel é responsável por 15% da receita anual, contribuindo em mais de 50% para o segmento de alimentos e bebidas atingir de 23 a 25%.

O Hotel Sol Belo Horizonte, da rede Meliá, promove festa do Dia dos Namorados, almoço do Dias das Mães e Dia dos Pais, *Réveillon* e a festa da Semana das Crianças. O setor de eventos, junto com alimentos e bebidas, é responsável por 32% da receita do hotel.

O sucesso da promoção de eventos depende de estudo (público-alvo é um dos aspectos), coleta de dados, elaboração do projeto, operacionalização do evento, acompanhamento, controle e avaliação.

Eventos e Alimentos e Bebidas: o Trabalho em Equipe

O setor de eventos está diretamente relacionado ao de alimentos e bebidas. A comunicação eficiente entre estes setores é um dos fatores fundamentais para o desenvolvimento de um serviço de qualidade.

O setor de alimentos e bebidas tem grande importância dentro da estrutura hoteleira. Depois das unidades habitacionais, é o que gera maior receita ao hotel. O restaurante, bem-administrado, representa até 35% da receita do estabelecimento (1/3 do total), mas depende da hospedagem pois, se o setor estiver fraco, a área de alimentos e bebidas dará prejuízo. E qual setor pode contribuir para manter elevada a taxa de ocupação e, por conseqüência, as vendas de produtos alimentícios? O setor de eventos.

O planejamento estratégico da empresa hoteleira é essencial para o seu desenvolvimento econômico. Estratégias de *marketing* bem definidas e a atitude empreendedora da alta gerência são fatores importantes.

A promoção de eventos dentro de um hotel pode sanar problemas relativos à ocupação (realizar eventos fixos na baixa temporada, por exemplo), além de contribuir para sua imagem.

Hora de Mudanças

Belo Horizonte é uma cidade onde predomina o turismo de negócios, sendo que nos finais de semana a taxa de ocupação dos hotéis é baixíssima. Surge, então, a necessidade de buscar novas alternativas para aumentar a ocupação. A promoção de fim de semana não é suficiente para atingir os objetivos traçados. Implementar o setor de eventos seria uma solução viável e rentável.

O Boulevard Plaza, hotel padrão quatro estrelas, localizado na região nobre de Belo Horizonte, possui nove salas para eventos com capacidade para 1.145 pessoas. A responsável pelo setor de eventos afirmou que "promover eventos não vai de acordo com a filosofia da empresa", além de não haver tradição nesta área. A décima sala, um espaço multiuso único em Belo Horizonte, tem vitrine voltada para a rua.

Essa enorme potencialidade poderia ser mais bem-aproveitada não apenas captando eventos, mas também os promovendo. Seria bom para a imagem do hotel, ressaltando seu espírito empreendedor e aumentando a receita.

Um outro exemplo que podemos citar é a atuação do Merit Plaza como hotel "não promotor" de eventos. A diretora do setor de eventos diz que "não é o perfil do hotel realizar eventos". O hotel dispõe de cinco salas para reuniões, dois restaurantes e prestação de serviços de qualidade. Que perfil é esse? Talvez o perfil coerente à falta de visão administrativa, mercadológica e empreendedora que permeia o mercado de modo geral. A falta de planejamento e o receio de investir acabam gerando estagnação no segmento hoteleiro, que deve ser revista e modificada.

O Caso: Pousada do Rio Quente

O complexo turístico e hoteleiro Pousada do Rio Quente localiza-se no município de Rio Quente (GO), a 27km de Caldas Novas. Composto pelo Hotel Pousada, Pousada do Rio Quente Chalés, Recanto das Águas Quentes, Parque das Águas, Hot Park, quadras esportivas, bares e restaurantes, possui 550 apartamentos com capacidade para 2.000 pessoas.

Em 1986, quatro funcionários da gerência da Pousada do Rio Quente foram desafiados pelo dono a criarem uma solução para o problema da baixa ocupação em determinadas épocas do ano. Surgiu então o "Projeto das Nações", semanas típicas em que decoração, alimentação, música, dança, folclore e uniforme dos funcionários baseiam-se no país em evidência. Existem semanas espanhola, italiana, alemã, portuguesa, japonesa, polonesa, chinesa e também a semana do folclore do Norte e Nordeste brasileiro.

Outro evento, denominado Semana da América, reconstitui em cada dia da semana as tradições culturais e gastronômicas de um país da América.

As semanas típicas conseguiam trazer uma boa ocupação, mas outro problema foi detectado: a semana após o carnaval possuía uma taxa baixa de hóspedes. A Semana Jovem, com atrativos de esportes radicais, veio sanar esta falha, garantindo excelente ocupação das unidades habitacionais e rentabilidade do hotel. As semanas típicas de maior repercussão são realizadas duas vezes por ano (espanhola, japonesa, portuguesa e alemã).

Nos períodos fracos também acontecem torneio de sinuca, minifestivais de música, congressos e mini-semanas místicas.

O hotel mantém, até hoje, uma excelente taxa de ocupação durante todo o ano, garantida principalmente pelos eventos.

Conclusão

A criatividade é um dos fatores primordiais na definição do diferencial de uma empresa. A necessidade de inovar, adequando o produto turístico ao desejo do consumidor, a busca constante por soluções e a atitude empreendedora devem fazer parte da realidade do empresário da hotelaria.

O hotel deve utilizar todo o seu potencial de recursos humanos e físicos, objetivando maior rentabilidade. A promoção de eventos é uma alternativa que pode contribuir para manter alta a taxa de ocupação, além de trazer lucros e consolidar a imagem da empresa.

O mercado turístico é composto por diversos segmentos. O trabalho conjunto de hotelaria, empresas promotoras de eventos, o setor de alimentos e bebidas, agências de viagens e turismo trará novas perspectivas para o turismo.

Referências Bibliográficas

ALVARES, D.F. *Revitalização do Setor de Eventos do Hotel Sol Belo Horizonte*. Belo Horizonte, Centro Universitário Newton Paiva, 1999.

ANSARAH, M.G.R. *Turismo: Segmentação de Mercado*. São Paulo, Futura, 1999.

CASTELLI, G. *Administração Hoteleira*. Caxias do Sul, EDUCS, 1992.

EDUCATION FOUDATION OF THE PROFISSIONAL CONVENTION MANAGEMENT ASSOCIATION. Gerenciamento profissional de eventos. Fortaleza, 1993.

EMPRESA MUNICIPAL DE TURISMO DE BELO HORIZONTE. O setor turístico em Belo Horizonte. Belo Horizonte, 1999.

FUNDAÇÃO JOÃO PINHEIRO. Perfil de Minas Gerais. Belo Horizonte, 1999.

GUIA BRASIL QUATRO RODAS 2000. São Paulo, Abril, 2000.

LAKATOS, E. M. *Metodologia do Trabalho Científico*. São Paulo, Cortez, 1994.

NUNES, M. M. *Cerimonial para Executivos: Um Guia para a Execução e Supervisão de Eventos Empresariais*. Porto Alegre, Sagra, DC Luzzatto, 1996.

Parte III

Eventos: Repercussão e Inferências

Capítulo 13

Impactos Sociais e Culturais da Oktoberfest na Comunidade de Blumenau entre 1993 e 1998

Carla Andrade Novaes dos Santos

Resumo

A Oktoberfest de Blumenau, como evento gerador de grande fluxo turístico na comunidade em que ocorre, causa uma série de impactos sociais e culturais.

Os sociais são provocados por um grande número de visitantes que chegam a Blumenau na intenção de usufruir da festa para dançar e se embebedar, sem levar em consideração a comunidade blumenauense.

Os culturais são aqueles que o próprio evento gera na comunidade, uma vez que podem ser vislumbrados claramente aspectos de descaracterização da cultura local em prol de sua comercialização com fins puramente econômicos.

Palavras-chave: *Fluxo turístico; Oktoberfest; evento; comunidade.*

Introdução

A Oktoberfest é uma das festas mais populares do Brasil, inspirada na festa alemã criada em Munique há quase 200 anos, mais precisamente em 12 de outubro de 1810.

O evento aconteceu pela primeira vez em 1984 como alternativa para a recuperação econômica da cidade, após as enchentes que assolaram o município em 1983 e 1984 e que trouxeram grande prejuízo para toda a população.

A Oktoberfest traz consigo uma tradição que se consolidou por sua alegria, demonstração de cultura e, principalmente, pela grande quantidade de cerveja consumida pelos participantes.

A presença maciça de turistas vindos de todas as partes do Brasil para participar desta festa e das que acontecem em cidades vizinhas caracteriza o turismo dessa região como "circuito das festas de outubro".

Blumenau, cujo produto turístico centrava-se nas compras e na tipicidade de sua cultura, criou um novo produto que representou a alternativa para o turismo de litoral, oxigenando a cidade como destinação turística e trazendo, por influência, um novo ciclo de eventos regionais. A Oktoberfest tornou-se, em pouco mais de uma década, uma das mais populares festas do Brasil.

Apesar de, como evento, acontecer desde 1984, tornou-se objeto de estudo no período de 1993 a 1998, pois somente em 1993 os jornais *Diário Catarinense* (DC)* e *A Notícia*** publicaram em seus artigos o desejo dos organizadores aproximarem o blumenauense da festa, tornando-o mais participativo, tendo em vista a rejeição pelos festejos demonstrada por eles em anos anteriores. Desta forma, ficou claro haver um problema causado por alguns fatores e que preocupava o poder público. Fatores de cunho social e cultural, dentre outros, gerados pelo crescente fluxo turístico e pelo despreparo da comunidade local e do poder público em atendê-lo.

Pretende-se, portanto, configurar uma análise das influências sociais e culturais que o evento e suas manifestações proporcionaram à comunidade blumenauense no período de 1993 a 1998, com base em dados divulgados pela mídia impressa, dados oficiais fornecidos

---

* Jornal de circulação estadual com sede em Florianópolis.

** Jornal de circulação estadual com sede em Joinville.

pela SANTUR (Santa Catarina Turismo S.A.), Secretaria de Turismo de Blumenau e Secretaria de Segurança Pública, no intuito de propor sugestões que possam mitigar ou minimizar os problemas até então encontrados.

Origem do Evento

Em 12 de outubro de 1810, na cidade de Munique, Luís I, rei da Baviera, promoveu uma corrida de cavalos para festejar seu casamento com a princesa Tereza, da Saxônia. O sucesso do evento fez com que a festa se tornasse anual.

Trinta anos depois, a Oktoberfest, como foi chamada na época, ganhou uma nova dimensão, pois em 1840 começaram a chegar visitantes estrangeiros ao evento e, como conseqüência, passaram a ser montadas barracas para garantir as necessidades básicas de alimentação. Foram também acrescentadas novas atrações à festa.

Fotógrafos alemães passaram a expor, atraindo um público cada vez mais crescente. Somente no ano de 1918 a cerveja passou a ser a tônica principal da festa e caricaturistas começaram a retratar a disputa pelos copos cheios com a bebida.

A festa foi suspensa por 25 anos devido às guerras e epidemia de cólera que tomaram conta da Europa na primeira metade do século XX.

Porém, com o término destes problemas, de 1945 até hoje a festa acontece todos os anos, ininterruptamente, no mês de outubro, recebendo atualmente um público de quase 10 milhões de pessoas, que consomem cerca de 7 milhões de litros de cerveja durante o evento.

Surgiu daí a idéia de se fazer uma festa típica germânica, uma vez que a colônia alemã em Blumenau era bastante grande, além da própria cidade ter características arquitetônicas marcantes em estilo enxaimel, o que a tornava um atrativo turístico cultural. Somado a isso estava o fato da cidade estar se recuperando de uma série de trágicas enchentes. Segundo Flores *et al.* (1995), a idéia "partiu dos empresários locais, na tentativa de melhorar o humor e as finanças da cidade".

O sucesso da festa espantou a todos os organizadores, que esperavam um público de aproximadamente 40 mil pessoas e tiveram 102 mil, nas quatro noites. "Foi aí que Blumenau descobriu definitivamente sua vocação turística".

Principais Características da Oktoberfest no Período de 1993 a 1998

Em 1993, a cidade já se intitulava a capital da cerveja. Os jornais afirmavam que a Oktoberfest era o momento de preservação dos valores locais e destaque da sua identidade cultural no contexto nacional. A consolidação dessa identidade se fez necessária nessa ocasião em que a cidade quase quadruplicava o número de habitantes, em 18 dias de festa.

Ainda nesse ano, houve a busca da qualidade dos festejos, visando à participação efetiva da comunidade que, em virtude do evento ser dedicado a ela, não pagou ingresso no primeiro dia. A Comissão Organizadora foi formada por empresários, sem a participação direta da Secretaria de Turismo de Blumenau.

Em 30 de setembro de 1993, a festa começou com jogos, música, 16 bandas alemãs e concurso de bebedores de chope. Os carros alegóricos contaram a história da cidade, os costumes dos colonizadores e seis grupos folclóricos fizeram parte do cortejo.

Houve 504 ocorrências policiais nos Pavilhões da PROEB (Fundação Promotora de Exposições de Blumenau), segundo a Secretaria de Segurança Pública.

Em 11 de outubro do mesmo ano, o DC informou sobre o congestionamento de trânsito na BR 470 e na Rodovia Jorge Lacerda. No centro da cidade, era impossível andar a pé. Ao se dirigirem aos pavilhões, os foliões do centro deixaram para trás um tapete de latas de cerveja.

Em 1994, os pavilhões da PROEB receberam um total de 688.958 visitantes contra 830.000 vindos em 1993. Consumiram, em 94, 360 mil litros de chope, bem menos que no ano anterior, quando o balanço final chegou a 553 mil litros consumidos.

O contexto político da festa foi destaque em 94. Os candidatos ao Governo do Estado fizeram da festa o local de luta por um lugar no segundo turno das eleições.

O desfile homenageou as crianças e as bandas alemãs foram atrações culturais, porém houve grupos de axé *music*. O público jovem tornou-se a tônica do local, sendo uma constante as latinhas de cerveja na mão.

A segurança ficou por conta de mais de 600 policiais, com incremento de 41 policiais femininas, havendo redução do número de ocorrências em relação ao ano anterior (461 casos registrados).

Convém ressaltar a distribuição de 636 preservativos àqueles que dirigiram-se ao posto médico.

Segundo a SANTUR, em 1994 o índice maior de visitantes foi do próprio Estado de Santa Catarina, com uma participação de 36,96% do total da festa, ficando em segundo lugar o Estado de São Paulo, com 31% e sendo, dos visitantes estrangeiros, 45,04% vindos da Argentina.

Em 1995, os jornais divulgaram a preocupação com a qualidade de vida do morador, incentivando-o a participar da festa, o que acontecia normalmente de segunda a quinta-feira, pois nos finais de semana o fluxo era basicamente turístico.

Nesse ano, foi reavivado o *slogan* "Santa e Bela Catarina" e começou a divulgação da Oktoberfest no Peru, Chile e Uruguai.

A festa foi realizada de 6 a 22 de outubro e o número de participantes chegou a 882.481, consumindo 486.749 litros de chope.

A novidade foi a instalação de um palco externo na PROEB, com a apresentação de mais de 30 bandas alemãs do Vale do Itajaí. A Secretaria de Turismo teve participação ativa, colocando à disposição do público mais um pavilhão.

A cerveja continuou sendo o carro-chefe da festa.

Em 1996, apesar da recessão econômica noticiada pelos jornais, o público total, incluindo pavilhões, pontos de visitação e o centro da cidade, chegou a 929.793 pessoas, consumindo 502.386 litros de chope. A disputa do Concurso Nacional de chope em Metro teve destaque na mídia impressa. O número de ocorrências policiais continuou em queda, apresentando 376 registros.

Os estabelecimentos públicos (bares, restaurantes e lanchonetes), nesse ano, ficaram abertos até as 6 horas, sendo proibida a venda de bebida alcoólica para menores.

A divulgação procurou ser mais seletiva, sendo feita por intermédio de agências de viagens, jornais e revistas de circulação nacional e 300 *outdoors* espalhados desde São Paulo até o Rio Grande do Sul. O preço do ingresso foi reajustado.

Ainda em 96, a sociedade blumenauense e as tradições culturais que eram colocadas em evidência durante a festa, através dos seus símbolos vivos, perderam seu maior representante com o falecimento do *opa** Werner Garni. Com sua alegria, ele dava um toque espe-

* *Opa*: avô na língua alemã.

cial à festa pelas ruas de Blumenau. Os representantes políticos do Estado e da cidade homenagearam-no, considerado o propagador do verdadeiro e autêntico espírito da festa blumenauense.

Em 1997, somente o desfile foi coordenado por terceiros. Todo o resto foi administrado pelo poder público, tendo o prefeito ressaltado que "é preciso buscar o equilíbrio da rentabilidade com a participação popular"*, lembrando que o valor dos ingressos fora alto para o poder aquisitivo da população. Também enfocou a regionalização do turismo com a criação de itinerários para as cidades vizinhas, o que poderia segurar os visitantes por mais dias e gerar mais receita para a região.

O número de visitantes foi de 500.245 pessoas, sendo consumida a média de 290.395 litros de chope. A participação de catarinenses, incluindo-se os blumenauenses, aumentou. Isso modificou a história da Oktoberfest, pois a comunidade da cidade voltou a prestigiar sua festa.

No ano de 1998, o público, apesar de menor nos pavilhões da PROEB, lotou as ruas centrais da cidade em busca de diversão e demonstrou maior poder aquisitivo que nos anos anteriores, pois houve aumento de 12% de leitos ocupados na rede hoteleira em relação a 1997.

Na festa de 1998, foi impossível transitar pela parte central da Rua XV em razão do número de blocos de foliões dançando ao som de axé *music* e pagode, em alto volume.

A festa contou com 500 mil participantes e 312.037 litros de chope consumidos, demonstrando grande aumento em litros de chope em proporção ao número de participantes do ano anterior.

Influências Sociais do Evento

A Oktoberfest é uma típica festa pagã de comida e bebida, tendo a cerveja como forma de liberação das emoções; permite-se o embebedamento coletivo dos participantes, com suas manifestações justificadas. A tolerância das autoridades e da comunidade em relação ao consumo desmedido da bebida durante a festa foge aos padrões médios de comportamento. Surge, então, a liberação dos

* Entrevista ao jornal *Diário Catarinense* em 1996.

padrões morais desencadeadas pelo álcool; por isso, o posto médico da festa distribuiu preservativos aos homens e mulheres que procuraram pelo material, a fim de tentar minimizar o contágio de doenças sexualmente transmissíveis.

Pesquisa realizada em 20 de outubro de 1998, na PROEB, mostrou que as pessoas de meia-idade, do sexo feminino, foram as que mais demonstraram indignação pelas beberagens dos adolescentes, chegando a acusar a festa de fomentadora do vício e da imoralidade, por conta da cerveja e do *marketing* direcionado ao consumo desenfreado.

Outro resultado imediato da festa são a algazarra e o lixo nas ruas, produzidos pelos participantes em decorrência do consumo exagerado de cerveja, fazendo com que a população saísse da cidade à procura de lugares mais tranqüilos.

São acontecimentos assim que afetam o desenvolvimento social da festa em relação à comunidade, pois perde-se seu ponto referencial das origens dos festejos, apesar do esforço para o bom atendimento e carinho para com os visitantes estar sendo permanentemente fomentado, a fim de que a sociedade, como um todo, possa se voltar ao sentido de hospitalidade irrestrita.

As influências sociais que a festa pode irradiar na comunidade deixam seus traços nos aspectos de religiosidade, saúde, educação e segurança, bem como na manutenção da cultura germânica.

Influências Culturais do Evento

A tipicidade da festa, marcada pelos trajes, música e comidas típicas, tem sido o ponto forte de atração.

Os trajes estão presentes nos trabalhadores do comércio e no público local.

O colorido das lojas com enfeites e cores da Alemanha, em conjunto com a arquitetura enxaimel que caracteriza o centro da cidade, transportam as pessoas para o mundo europeu, mas muitas vezes não é suficiente para encantar o turista sóbrio.

Desfiles oficiais, contratação de bandas alemãs e nacionais, figurantes, carros alegóricos, entre outros, reforçam a origem da festa. Embora o comércio fomente e comercialize bebidas e alimentos tipo *fast-food*, ainda é grande o número de barracas e restaurantes que servem comida típica, reforçando a gastronomia alemã.

A festa não acontece somente nos pavilhões, mas também nas ruas do centro da cidade, onde o caneco de chope é companheiro inseparável.

O barulho ensurdecedor regado a muito chope e latas de cerveja acondicionadas nas dezenas de caixas térmicas vem se transformando em rotina, substituindo a tradicional bandinha alemã.

A Secretaria de Turismo de Blumenau detectou que 45% dos visitantes dos pavilhões encontravam-se na faixa etária entre 17 e 24 anos e a festa ousou instalar uma danceteria na PROEB, apesar da resistência por parte da comunidade.

Introdução de bandas de *rock*, pagode e esportes radicais, para atrair maior público, em depreciação da cultura local e descaracterização da festa típica alemã são aspectos observados ao longo do período estudado.

Conclusão

É inegável o crescimento econômico da cidade de Blumenau causado pela Oktoberfest, porém não se pode visar somente ao lucro, esquecendo que existe uma comunidade na qual o evento está inserido e, se não forem observadas suas necessidades, exigências e costumes, haverá resistência e, provavelmente, a extinção da festa.

É preciso chegar ao consenso sobre a base de sustentação da festa nos valores culturais das etnias presentes em Santa Catarina, fazendo com que se mantenha o estilo que a torna única no país.

Faz-se necessário o fortalecimento da parceria entre órgãos institucionais, organizações privadas e comunidade, no sentido de continuar fomentando a festa, calcada nos valores culturais e não apenas nos econômicos, deixando estes como conseqüência, não objetivo principal do evento.

A manutenção dos valores étnicos e culturais manifestada nos trajes típicos poderia ser incentivada e recompensada pelas autoridades por meio de isenções de impostos, descontos, entradas gratuitas etc.

Torna-se imprescindível a promoção de atividades culturais no centro da cidade para atrair o público de compras, amantes das artes e da faixa etária acima dos 34 anos, segmento este identificado pelas pesquisas da SANTUR como o grupo que possibilita maior retorno aos investimentos desenvolvidos. Modifica-se, assim, o perfil do público da festa, basicamente de jovens descompromissados com a cultura local, para um segmento envolvido culturalmente com a comunidade que visita, evitando o impacto sociocultural que o evento vem causando ao longo dos anos.

Segundo Flores *et al.* (1995), "esta festa, enquanto epifania simbólica e alegórica, comporta a dimensão do sonho, do desejo, da utopia, projeção de um consciente coletivo, forjando portanto, imagens do que aconteceu com o que se desejaria que acontecesse. A Oktoberfest de Blumenau, dramatizando a história, apresenta sua parcela de intencionalidade, manipulação e ilusão".

Cabe aos organizadores do evento e poder público não permitirem que assim ocorra, modificando desde já as descaracterizações que o evento vem sofrendo desde seu início.

Referências Bibliográficas

ARAÚJO, V. Festas abriram caminho para vício. *Folha de São Paulo On Line*, São Paulo, out. 1998. Disponível em: http://www.uol.com.br/folha/arquivos.

ARCHER, B.; COOPER, C. Os impactos positivos e negativos do turismo. In THEOBALD, W. (Org). *Turismo Global*. São Paulo, SENAC, 2001.

BARRETO, M. *Manual de Iniciação ao Estudo do Turismo*. Campinas, Papirus, 2001.

BARRETTO, M. *Turismo e Legado Cultural: as Possibilidades do Planejamento*. Campinas, Papirus, 2000.

DIÁRIO CATARINENSE ON LINE, Blumenau (SC). Disponível em. http://diario.clicrbs.com.br.

FLORES, M.B.R.; WOLFF, C.S.; CZESNAT, L.O. *O Grande Teatro Público: Oktoberfest. Revista Catarinense de História - UFSC*, Santa Catarina, 3, 15-27, 1995.

JORNAL A NOTÍCIA, Joinville (SC). Disponível em: http://www.an.com.br.

LAGE, B.; MILONE, P. Fundamentos econômicos do turismo. In: LAGE, B.; MILONE, P. *Turismo: Teoria e Prática*. São Paulo, Atlas, p. 25-37, 2000.

PETRY, S.M.V. *Os Clubes de Caça e Tiro na Região de Blumenau (1859-1891)*. Blumenau, Fundação Casa Blumenau, 1982.

RUSCHMAN, D. *Turismo e Planejamento Sustentável: a Proteção do Meio Ambiente*. Campinas, Papirus, 1997.

SECRETARIA MUNICIPAL DE PLANEJAMENTO SUPERINTENDÊNCIA DE MODERNIZAÇÃO ADMINISTRATIVA E DE INFORMÁTICA. Jornal de Santa Catarina, de 27 de setembro a 11 de outubro de 1998, Disponível em: http://www.oktoberfestblumenau.com.br/historia/edicoes.htm.

SERRANO, C. Poéticas e políticas das viagens. In SERRANO, C., BRUHNS, H., LUCHIARI, M. (Org.) *Olhares Contemporâneos sobre o Turismo*. Campinas, Papirus, 37-53, 2000.

SINOPSE comparativa de 1994 e 1995: pesquisa mercadológica das festas de outubro. Florianópolis, SANTUR, 8, 1996.

Capítulo 14

Festival de Cinema do Recife como Lazer. Opção para a População Local?

Daniella Pereira de Souza Silva
Elza Ramos da Silva
Erica de Carvalho Paz
Luciana da Silveira Pitanga
Luciene dos Santos
Mayse Cristina de Lima Cavalcanti
Sílvia Gomes Graciliano

Resumo

O cinema brasileiro, após passar por diversos ciclos e chegar a uma fase de decadência nos anos 90, ressurgiu com a retomada da realização de filmes pela nova geração de diretores, ganhando novo fôlego a partir do reconhecimento internacional. Todo este clima estimulou o surgimento do Festival de Cinema do Recife.

O evento vem abrindo as portas para a exibição e promoção de filmes de artistas nacionais, estimulando e divulgando a produção cultural local, movimentando empresas prestadoras de serviços que trabalham diretamente com infra-estrutura e

montagem, além de empresas do setor turístico contratadas pelos organizadores.
O Festival de Cinema do Recife ainda é um evento de concepção elitista, por ser freqüentado por um público formador de opinião. Sugerimos algumas alternativas para tentar popularizar o cinema nacional já que passaria a ser, para este público, uma opção de lazer e cultura.

Palavras-chave: *cinema; cinema brasileiro; festival; evento; turismo; lazer; população local.*

Breve Relato sobre Cinema

Em 1895, os irmãos Lumière exibiram, em Paris, "A Chegada do Trem na Estação de Ciotat", que viria a ser o primeiro registro da imagem em movimento, mostrando ao mundo o que iria ser o cinema. Produzido em preto e branco, caracterizava-se pela sua rapidez e simplicidade em retratar o cotidiano.

Inicialmente, apenas comprometido em reproduzir a realidade sem a interferência humana, hoje o cinema evoluiu, tornando-se a arte de reproduzir imagens para expressar idéias visando a interessar, informar e sensibilizar as pessoas.

Aqui no Brasil, o cinema chegou apenas sete meses após a histórica exibição dos Lumière, numa sessão pública realizada em 8 de julho de 1896. Já a primeira produção nacional, "Os Estranguladores", de Antônio Leal, ocorreu em 1908.

Apesar de ter acompanhado o desenvolvimento do cinema mundial desde a sua origem e vir produzindo filmes baseados na literatura brasileira e nas "chanchadas", destacou-se o ciclo pernambucano (1923-1931), cuja temática tratava de aventuras e aspectos regionais.

Entretanto, foi a partir da década de 1960 que o cinema brasileiro começou a se projetar internacionalmente abordando questões sociais, criando uma temática brasileira. Segundo Inácio Araújo (1995), o cinema novo, por um lado, preocupava-se com a vida da população pobre; por outro, tratava de mostrá-la por meio de filmes feitos com pouco dinheiro, em condições técnicas por vezes precárias.

As décadas de 1970 e 1980 foram marcadas pelo estímulo governamental à produção nacional com a criação de órgãos como a Embrafilme (Empresa Brasileira de Filmes S/A) e o Concine (Conselho Nacional de Cinema), responsáveis pela co-produção, normatização, distribuição e comercialização dos filmes no mercado e também por sucessos de bilheteria como "Dona Flor e seus Dois Maridos", de Bruno Barreto e "Os Trapalhões" (1976 e 1987).

Com outras produções, o cinema nacional arrebatou prêmios em festivais internacionais, como "Eles Não Usam Black Tie", de Leon Hirszman, no Festival de Veneza. Com a extinção da Embrafilme, na década de 1990, o cinema brasileiro atravessou uma fase de estagnação, recuperando-se a partir de 1994 com o lançamento de "A Terceira Margem do Rio", de Nelson Pereira dos Santos; "Carlota Joaquina, a Princesa do Brasil", de Carla Camurati; "O Quatrilho", de Fábio Barreto, que concorreu ao Oscar de melhor filme estrangeiro e, no ano seguinte, "O que é Isso Companheiro?", de Bruno Barreto, também recebeu uma indicação ao prêmio hollywoodiano.

É dentro desse contexto de desenvolvimento e reconhecimento do cinema nacional que surge a necessidade da realização de eventos, como festivais de cunho artístico, contendo apresentações inéditas ou não, previamente selecionadas, objetivando competição, divulgação ou promoção comercial, como define Waldir Ferreira (1997). É com a finalidade de dar espaço e incentivar as novas produções nacionais e locais que surge o Festival de Cinema do Recife.

Festival de Cinema do Recife

Primeira Edição

A primeira edição do festival ocorreu no Cinema São Luiz, no centro da cidade, de 12 a 17 de março de 1997. O acesso à mostra competitiva restringia-se apenas a convidados, atores, cineastas, técnicos, jornalistas e patrocinadores, cabendo à comunidade somente as sessões realizadas ao ar livre, na Rua do Bom Jesus, no bairro revitalizado do Recife Antigo.

Na categoria de longa-metragem, mostra não competitiva, foram exibidos "O Cangaceiro", de Aníbal Massaini; "O Baile Perfumado", de Paulo Caldas e Lírio Ferreira; "Um Céu de Estrelas", de Tata Amaral; "Pequeno Dicionário Amoroso", de Sandra Werneck; "O Monge e a Filha do Carrasco", de Walter Lima Júnior e "Doces Poderes", de Lúcia Murati.

Destacam-se entre os curtas apresentados, em mostra competitiva, "Vencido", de Flávio Frederico; "Criaturas que Nasciam em Segredo", de Chico Teixeira; "Almoço Executivo", de Marina Person; "A Escada", de Philipe Barcinski; "Anjos Urbanos" e "Nos Tempos do Cinematógrafo", ambos de Kika Lopes; e, da Bahia, veio o único representante do Nordeste, "Mr. Abrakadabra", de Moisés Augusto.

Paralelas à mostra de filmes, foram realizadas oficinas de cinema e mesas de debate, contribuindo para a difusão do conhecimento técnico sobre questões atreladas ao cinema, à televisão e ao vídeo.

"Recife está fazendo uma estréia corajosa e ousada, adotando um formato enxuto e racional. Luz e ação: o I Festival Nacional de Cinema do Recife está apenas começando" (André Vaccari, produtor).

Segunda Edição

No ano de 1998, com a duração de sete dias (15 a 21 de março), o festival ganhou força e se consolidou como um dos grandes eventos culturais da cidade, sendo transferido para o Teatro Guararapes, no Centro de Convenções de Pernambuco, com 2.500 lugares e acesso permitido pela compra de ingressos a preços simbólicos.

Nesse ano, o Festival inovou com a apresentação de mostras paralelas no Cine-Teatro Apolo, localizado no Recife Antigo, e no Barco Águas da Boa Viagem, no Rio Capibaribe, no centro da cidade.

Nas mostras competitivas de longas-metragens, concorreram "Os Matadores", de Beto Brant e "A Ostra e o Vento", de Walter Lima Júnior.

Nas mostras competitivas de curtas-metragens, destacaram-se "A Árvore da Miséria", de Marcos Vilar; "Cebolas São Azuis", de Marcelo Fabri Marão; "Clandestina Felicidade", de Beto Normal e Marcelo Gomes; "Jonas e Lisa", de Daniel Schorr e Zabelle Côte e "Nelson Sargento", de Estevão Chiavatta Pantoja.

"O que se pôde perceber é que o Festival de Cinema do Recife já começa a pertencer orgulhosamente à cidade e seus habitantes. Recife é pólo gerador de cultura. As empresas públicas e privadas parecem ter, finalmente, se convencido disso" (Kléber Mendonça Filho).

Terceira Edição

De 12 a 21 de março de 1999, foi realizada a terceira edição do Festival de Cinema, contando com inovações no âmbito da competição de curtas que não discriminou as bitolas (16mm e 35mm), mas separou as categorias de concorrência (ficção, documentário e animação). Por sua vez, a competição de longa-metragem teve a participação de oito filmes brasileiros - marca absolutamente expressiva.

Outra novidade atrelada ao 3º festival foi a realização da I Feira de Produtos e Serviços Audiovisuais do Norte-Nordeste, com a apresentação/exposição de equipamentos e serviços ligados às áreas de cinema, TV e vídeo, apresentação de projetos audiovisuais e mesas de discussão sobre o mercado de filmes latino-americano.

Os curtas-metragens que se destacaram na mostra competitiva foram "O Espantalho", de Alê Abreu; "A Massa que Elas Gostam", de Fernando Coster; "A Hora Vagabunda", de Rafael Conde; "A Pessoa é para o que Nasce", de Roberto Berlini e "Novembrada", de Marcelo Paredes.

Os principais longas-metragens foram "Nós que Aqui Estamos por Vós Esperamos", de Marcelo Masagão; "Ação entre Amigos", de Beto Brant; "Traição", baseado em Nelson Rodrigues e "A Hora Mágica", de Luiz Rossi.

Paralelamente à exibição no Centro de Convenções, o Festival promoveu uma mostra de filmes ao ar livre, na Rua do Bom Jesus, nas noites dos dias 4, 5 e 6, sendo exibidos "O Baile Perfumado", "Alô" e "Como Ser Solteiro".

Quarta Edição

Em sua quarta edição, que ocorreu entre 27 de março e 1º de abril de 2000, o festival foi reduzido em dois dias. No entanto, foi aumentada a concentração de filmes, tornando-se o maior festival de curtas do Brasil.

Dos 12 longas-metragens exibidos, 10 participaram da competição, destacando-se: "Através da Janela", de Tata Amaral; "Soluços e Soluções", de Edu Felistoque e Nereu Cerafeira; "Hans Staden", de Luiz Alberto Gal Pereira; "Milagre em Juazeiro", de Wolney Oliveira; "O Circo das Qualidades Humanas", de Moreno, Gomes, Veloso e Alencar e "O Tronco", de João Batista de Andrade. Em *avant-première* foi exibido "O Rap do Pequeno Príncipe contra as Almas Sebosas", de Paulo Caldas (PE) e Marcelo Luna (RJ).

Foram exibidos 36 curtas-metragens, destacando-se "Passadouro", de Torquato Joel; "O Oitavo Selo", de Tomás Creus; "Deus é Pai", de

Allan Sieber; "Ano Novo", de Marcos Fábio Katedjian; "Texas Hotel", de Cláudio Assis; "Rádio Gogó", de José Araripe Júnior e "Cão Guia", de Gustavo Acioli. De todos os curtas em competição, sete eram pernambucanos.

Produção do Festival de Cinema do Recife

Um evento do tamanho e da importância do Festival requer, além da captação de recursos financeiros junto aos patrocinadores, para a viabilização, orçada em aproximadamente R$ 1 milhão, o envolvimento de uma enorme equipe de profissionais trabalhando em conjunto para a sua realização.

Na atuação direta, a última edição do festival contou com 76 profissionais, sendo quatro diretores, três produtores, duas secretárias, dois assessores técnicos, três assessores de imprensa (local), quatro assessores de imprensa (nacional), 14 coordenadores de área, seis assistentes de administração, 23 recepcionistas e 15 seguranças.

O setor de turismo foi beneficiado com a contratação de empresas de serviços, como cinco hotéis, quatro restaurantes, uma agência de viagem, duas locadoras (transporte receptivo e locação direta), uma companhia aérea oficial e uma agência de publicidade. Além desses, uma empresa de assessoria na área de informática, um fornecedor de cartões magnéticos (ingressos), uma fornecedora de catracas eletrônicas e uma gráfica.

Diante desses números, percebe-se quão significativo é o impacto socioeconômico de um evento cultural do porte de um festival de cinema, principalmente quando se leva em conta a média de seis dias de sua programação.

Quanto à montagem, nas áreas de projeção de cinema e vídeo e infra-estrutura básica, houve necessidade de adequação técnica para a exibição dos filmes, por se tratar de um teatro que não dispõe de recursos: tela especial, acústica, som *dolby* digital, entre outros.

Devem-se considerar, ainda, aspectos operacionais como controle de acesso, implantação de veículos de mídia do evento, no palco e nos corredores de acesso. Há ainda elementos necessários à infra-estrutura: montagem de secretaria executiva, de assessoria de imprensa e instalação dos estandes.

Preocupada em divulgar o evento e valorizar os patrocinadores, a organização do Festival estabeleceu duas estratégias de atuação: a mídia contratada em TV, jornais, revistas, veículos alternativos (*outdoors*, galhardetes, camisetas, bonés e impressos em geral) e mídia estimulada, provocada pela própria força do evento: TV aberta local e nacional, TV por assinatura, jornais locais e nacionais, revistas, rádios locais e nacionais.

Pesquisa de Campo

Metodologia

Amostra

Foram entrevistadas 102 pessoas aleatoriamente em locais públicos de grande circulação. Os pontos de coleta selecionados foram a praia de Boa Viagem, o Campus Universitário da UFPE e o Cabanga Iate Clube do Recife, por serem espaços democráticos e agruparem pessoas de diversas classes sociais.

Instrumento de coleta

A pesquisa foi desenvolvida mediante formulário com respostas abertas e fechadas (Quadro 14.1).

Quadro 14.1 – Instrumento de coleta de dados de pesquisa sobre o Festival de Cinema do Recife

Levantamento de Dados	
1. Você gosta de ir ao cinema?	( ) Sim( ) Não
2. Você foi ao Festival de Cinema do Recife?	( ) Sim( ) Não
Sim	*Não*
3. Como você ficou sabendo? ( ) TV ( ) Rádio ( ) Jornal ( ) Outdoor ( ) Outros ____________________	3. Mas, você ficou sabendo? ( ) Sim ( ) Não Como? ( )TV ( ) Rádio ( ) Jornal ( ) Outdoor ( ) Outros ____________________
4. Por que você foi ao Festival? ____________________	4. Por que você não foi ao Festival? ____________________
5. Escolaridade: ( ) Analfabeto ( ) 1º grau ( ) 2º grau ( ) 3º grau	

Tabulação

Com os dados levantados, constatamos que 89% dos entrevistados gostam de ir ao cinema, entretanto apenas 11% destes compareceram ao festival.

A mídia que mais influenciou a ida do público ao festival foi a televisão, com o percentual de 50%. Os motivos foram "o gosto pelo cinema nacional" (64%) e por ser "uma boa opção de cultura" (36%).

Do total dos que não foram, 81% não compareceram por desinteresse (71%) e por desinformação (29%). O perfil do público que freqüentou o Festival de Cinema do Recife (11% do total dos entrevistados) constitui-se de 82% que estão cursando ou concluíram o 3º grau.

Pelos resultados obtidos com a pesquisa de campo (Tabela 14.2), a equipe verificou que o público que freqüenta o festival não é popular. Aliado a isso, a falta de informação mais detalhada sobre o evento não despertou o interesse do grande público.

Da forma como é realizado, uma concepção elitista, o festival não é, de fato, uma opção de lazer para a população local.

Tabela 14.1 – Pesquisa de campo (102 pessoas consultadas)

1. Escolaridade		
Grau	*Freqüência*	*%*
1º	8	8
2º	22	21
3º	62	61
Total	102	100
2. Você gosta de ir ao cinema?		
	Freqüência	*%*
Sim	91	89
Não	11	11
Total	102	100
3. Você foi ao Festival de Cinema do Recife?		
	Freqüência	*%*
Sim	12	11
Não	90	89
Total	102	100

Total dos entrevistados que foram ao festival: 12

Tabela 14.1 – *(Cont.)* Pesquisa de campo (102 pessoas consultadas)

4. Como você ficou sabendo?

	Freqüência	%
Televisão	6	50
Jornal	4	33
Rádio	1	8
Outdoor	1	8
Outros	5	42
Total	17	141

Obs: nesta pergunta foi possível mais de uma resposta

5. Por que você foi ao festival?

	Freqüência	%
Porque é uma boa opção de cultura	4	33
Porque gosta de cinema nacional	8	67
Total	12	100

Total dos entrevistados que não foram ao festival: 90

6. Você ficou sabendo do Festival de cinema do Recife?

	Freqüência	%
Sim	73	81
Não	17	19
Total	90	100

7. Por que você não foi ao festival?

	Freqüência	%
Por desinformação	26	29
Por desinteresse	64	71
Total	90	100

Obs: esta pergunta sugere respostas abertas que, no entanto, analisadas pela equipe de entrevistadores, resume-se em dois grupos de respostas fechadas.

O que Torna o Festival de Cinema do Recife Diferente dos Outros?

O Festival de Cinema do Recife chegou ao seu quarto ano como um dos mais importantes do Brasil em dois aspectos: presença maciça de público e sucesso de crítica.

O comparecimento do público, que foi estimado em 20.000 pessoas, confirmou o interesse pelo cinema brasileiro. É formado por pessoas de médio a alto nível de instrução, formadores de opinião, fato comprovado pela pesquisa.

O Festival alcançou sucesso de crítica, pois diversos profissionais especializados reconheceram nele qualidades como infra-estrutura oferecida (receptividade, transporte, hospedagem, recepções e segurança), o conteúdo programático (seleção dos filmes, nível da projeção, tela gigantesca de 17m × 10m, som, qualidade das oficinas e atualidade dos debates).

CONCLUSÃO

"O tempo livre de férias, longe de ser um tempo de lazer inofensivo e não produtor de riquezas, pode possuir uma real utilidade social" (R. Laquar, 1985 apud Balastreri, 1997).

Na sociedade contemporânea, o tempo destinado ao lazer vem adquirindo maior importância tanto para a população quanto para o poder público.

A participação do poder público na elaboração de políticas de lazer deve se concentrar em atividades que proporcionem bem-estar aliado a enriquecimento cultural. Dentre estas, um Festival de Cinema poderia ser boa opção por englobar todas essas características.

Apesar de o Festival de Cinema do Recife ser considerado um sucesso de público, ele ainda não se tornou um evento popular nem uma opção de lazer para a população local.

Para modificar a característica do Festival e do público, a equipe sugere maior diversificação dos espaços de exibição, espalhados em diversos pontos da cidade, chegando mais próximo do grande público, como o Pátio de São Pedro, no Bairro de São José (centro), o Parque 13 de Maio, na Boa Vista, o Teatro do Parque, que já exibe filmes de arte a preços populares (centro), entre outros. Esses locais foram selecionados considerando-se a facilidade de acesso e por serem espaços democráticos que agregam pessoas das mais variadas classes sociais.

Essas mostras paralelas seriam exibidas para o público que não freqüenta o Festival de Cinema realizado no Centro de Convenções. Aliada à descentralização do evento, há a necessidade de uma forte campanha publicitária que estimule o interesse desse público nãoacostumado a consumir o cinema nacional por intermédio, principalmente, de televisão e rádio, que divulgariam a programação e localização do festival.

A programação exibida seria aquela que se identificasse com o perfil do público freqüentador desses pólos de lazer. Para tanto, os recursos destinados à viabilização desse projeto seriam disponibilizados por meio de parcerias com empresas públicas e privadas.

Referências Bibliográficas

ARAÚJO, I. *Cinema: O Mundo em Movimento*. São Paulo, Scipione, p. 103, 1995.

BARROS, L. Recife celebra o cinema brasileiro. *Diário de Pernambuco*, Recife, 12 de março de 1997.

BARROS, E. Boa safra de curtas em competição. *Jornal do Comércio*, Recife, 13 de março de 1997.

BERNARDET, J.C. *O que é Cinema?* São Paulo, Brasiliense, p. 117, 1985.

FERREIRA, W. Evento como veículo de comunicação dirigida aproximativo. *Turismo em Análise*, São Paulo, 8(1), 13-17, 1997.

GOIDANICH, K.L.; MOLETTA, V.F. *Turismo de Eventos*. Porto Alegre, Sebrae (RS), p. 60, 1998.

MENDONÇA FILHO, K. Festival do Recife vem com mais força. *Jornal do Comércio*, Recife, 19 de março de 2000.

RODRIGUES, A.B. *Turismo e Espaço Rumo ao Conhecimento Transdisciplinar.* São Paulo, Hucitec, p. 117, 1997.

SALÉM, R. Festival do Recife começa segunda. *Diário de Pernambuco*, Recife, 23 de março de 2000.

IV FESTIVAL DE CINEMA DO RECIFE (on line) abril. 2000. Disponível na Internet: http://festival.bmkonline.com.br.

Capítulo 15

Eventos Culturais do Bairro do Bixiga

CAMILA FERNANDES COLLPY
LEANDRO RODRIGUES GONZALEZ FERNANDEZ

Resumo

Os eventos no bairro do Bixiga são manifestações populares e religiosas que estão integradas no bairro como atividades de lazer, turísticas e comerciais. Os três eventos a que este trabalho se refere são a Festa da Achiropita, a Feira do Bixiga e a escola de samba Vai-Vai. No corpo do trabalho são encontradas as características atuais dos eventos e propostas para seu melhor uso.

Palavras-chave: *Festas populares; bairro do Bixiga; comunidade local; turismo; feira comercial.*

INTRODUÇÃO

Este trabalho possui como objetivo divulgar os aspectos culturais existentes no bairro do Bixiga. É parte de uma pesquisa realizada pelos alunos do terceiro ano do curso de Turismo do Centro Universitário Ibero-americano de 1999, denominada de Plano de Requalificação do Bairro do Bixiga.

Após o levantamento de dados, foi possível diagnosticar a situação atual do bairro. Em seguida, por intermédio de discussões e análises, chegou-se a uma série de propostas e ações elaboradas com a finalidade de melhorar as condições de funcionamento e desenvolvimento dos eventos culturais.

FESTA DA ACHIROPITA

A primeira festa de rua, em 1910, era pequena, resumindo-se a barracas de prenda e um pau-de-sebo, freqüentada pela gente pobre do bairro que participava das procissões. Depois da criação da paróquia Nossa Senhora da Achiropita, em junho de 1949, a quermesse passou a ocupar uma grande parte da Rua Treze de Maio, surgindo, anos mais tarde, barracas de comida e bandas que se apresentavam no coreto.

As festas foram suspensas por alguns anos (décadas de 1940 e 1950), passando a ocorrer no pátio da igreja, onde eram vendidos doces caseiros, pastéis, churrasco, cachorro-quente e outros quitutes.

Nos anos 70, a festa voltou para as ruas, principalmente por ocasião do empenho dos casais que participavam do Encontro de Casais com Cristo. A festa ganhou características italianas, com barracas de comidas típicas, passando a ter um novo impulso. Atualmente, depois de mais de 70 anos, a Festa da Achiropita é um grande evento da cidade de São Paulo, atraindo pessoas de todo o Brasil durante os cinco finais de semana do mês de agosto, lotando as ruas, as cantinas e a igreja.

Obras Sociais

Terminadas as obras da igreja, os recursos angariados com as festas passaram a ser utilizados para a criação e manutenção de obras sociais como o orfanato de Nossa Senhora Achiropita (inaugurado em 1954), a creche paroquial (sempre ampliada devido ao crescente número de crianças), o CEDO (Centro Educacional Dom Orione), que oferece atendimento psicológico, atividades lúdicas, artísticas e profissionais a mais de 320 crianças e a Casa Dom Orione, com atividades para os moradores de rua, grupos de terceira idade, Alcóolicos Anônimos, Pastoral Jurídica, além de assistência médica, psicológica e odontológica (inaugurada no final de 1993).

Hoje, a paróquia conta com mais de 30 grupos desenvolvendo trabalhos assistenciais durante todo o ano.

Relação Bairro do Bixiga-Festa da Achiropita

A população residente no Bixiga não vê esse evento como parte e cultura do bairro. A Festa da Achiropita originou-se com a manifestação do povo do bairro. Hoje, em virtude de seu crescimento, atrai pessoas de todas as regiões da cidade. Apesar de contar com a mão-de-obra dos moradores, o evento tornou-se bastante comercial.

Feira do Bixiga

A Feira do Bixiga é realizada aos domingos, das 9 às 19 horas, na Praça Dom Orione. Remonta à década de 1980, com o chamado "Mercado das Pulgas", em razão das diversas trocas que lá existiam; por exemplo, pessoas que trocavam cães por uma geladeira velha.

O sentido da troca foi-se perdendo com o tempo e a feira passou a ser essencialmente comercial, tendo como enfoque principal as antigüidades, brechós e objetos de colecionadores.

A Feira é regulamentada*, registrada em cartório e na Prefeitura. Os expositores obedecem a um estatuto que regula os direitos e deveres. Para deveres não-cumpridos, existem punições como advertências por escrito, suspensão, exclusão do quadro da diretoria e expulsão sumária.

Como direito do expositor, na impossibilidade da sua participação na exposição de seus produtos, o espaço da barraca passa a ser

---

* Há 15 anos foi fundada a Associação dos Expositores e Organizadores da Feira do Bixiga que, quando da realização deste trabalho, era presidida por José Carlos Quental, com sede à Rua Treze de Maio, 972. Telefone: 0xx-11-287-8027.

de sua família e esta decide o que fazer. Paga-se uma taxa mensal para manutenção da Feira, barracas e salário do caseiro contratado pelos expositores.

Quando da realização desta pesquisa, a Feira concentrava 345 expositores, com barracas de 2 × 2 metros padronizadas por um toldo azul com a inscrição "Feira de Antigüidades". Além destes, a Feira possui uma lista de convidados para os casos de não-comparecimento de algum expositor fixo.

A praça possui um coreto também usado para exposições e para convidados (como lançamento de livros).A associação mantém uma revista quinzenal disponível para expositores e visitantes.

Os produtos encontrados para venda são, em sua maioria, móveis antigos, louças, objetos decorativos e coleções, peças de vestuário antigas e relíquias, como telas e obras de arte. Existe, porém, a venda de CDs e brinquedos importados, que descaracteriza a Feira.

A associação tem sede alugada na Rua Treze de Maio, onde promove suas reuniões sempre na segunda quarta-feira do mês, expondo eventuais problemas, sugestões e idéias para atrair novos visitantes, a fim de aumentar a divulgação do evento dominical.

A Feira do Bixiga não se identifica com a história do bairro. Visitantes e expositores não mantêm ligação com o local. Os próprios moradores do Bixiga não expõem nem compram os objetos expostos, o que ressalta a não-identificação entre morador e Feira de Antigüidades.

A disposição geográfica, de forma radiocêntrica, torna-a mais organizada, visando essencialmente ao comércio. As barracas com toldos e a venda de objetos antigos fazem com que a Feira mantenha um padrão em toda sua extensão.

As peças expostas são, em sua maioria, decorativas, antigas, bem-conservadas e com um alto valor para a venda, atraindo donos de antiquários, decoradores e curiosos à procura de algo diferenciado para a decoração de suas residências.

Relação Bairro do Bixiga-Feira de Antigüidades

A falta de identidade com a Feira do Bixiga é gritante, pois este evento é "desconhecido" por grande parte da comunidade local.

A população não se identifica com as atividades culturais que acontecem no bairro, pois elas não mostram sua verdadeira realidade composta por muita pobreza, não fazendo parte desse cotidiano.

Maior divulgação do evento, assim como algumas mudanças em sua configuração, deveriam ser propostas para que os moradores passassem a fazer parte deste universo cultural e, conseqüentemente, beneficiar o bairro, a população e a cidade de São Paulo.

Escola de Samba Vai-Vai

Em 1º de janeiro de 1930 foi criado o cordão carnavalesco Vai-Vai. O nome decorre de provocação a um time de futebol que existia no bairro, o Cai-Cai. O Vai-Vai, por alusão ao império ou à princesa Isabel, adotou como símbolo a coroa e os ramos de café, que representariam a riqueza paulista.

Até a oficialização do carnaval paulistano, os cordões e as escolas não se reuniam em um desfile apenas, pois se apresentavam nos bairros, em desfiles isolados promovidos pelo comércio local. A federação agrupou-os até que pudessem apresentar um único desfile. Nessa época existiam três cordões: Camisa Verde e Branco, Fio de Ouro e Vai-Vai e também 30 escolas de samba que constituíam duas categorias de concurso: cordões e escolas. Por terem o maior número de componentes, esses cordões sentiram a necessidade de se transformar em uma escola e concorrer com mais entidades. Os três cordões desfilaram pela primeira vez como escola de samba em 1972.

À medida que se organizam e crescem, as escolas de samba passam a ser absorvidas pelos padrões dominantes da sociedade e aceitas como genuínas da cultura popular.

"As escolas de samba são hoje solidárias da sociedade de consumo, apologistas do desenvolvimento do país e instrumento da cultura de massas. Elas são instituições urbano-industriais, enfim, ajustadas às especificidades do caso brasileiro".*

Segundo um dos diretores da Vai-Vai, o evento "carnaval" industrializou-se e profissionalizou-se como conseqüência da globalização: "A escola é como se fosse uma indústria cujo produto final é o desfile".

Essa indústria que funciona em função do carnaval possui departamentos de segurança, diretoria executiva, cultural, jurídico, social, médico e assessoria de imprensa. A mão-de-obra utilizada na confecção das fantasias e alegorias da escola é composta por pessoas da

* Araújo, A. *As Escolas de Samba: Um Episódio Antropofágico*, p. 20.

comunidade do Bixiga. Como exemplo da industrialização, em 1999 as fantasias foram feitas no Rio de Janeiro, o que demonstra que as escolas de samba paulistas "estão importando o *know-how* carioca, algumas vezes pagando por isso".**

O dinheiro empregado para o pagamento da mão-de-obra e materiais é conseguido por patrocínios, *shows* que a Escola faz no Brasil e no exterior e pelo pagamento adiantado da bilheteria do Anhembi para as escolas.

A Vai-Vai valoriza muito a comunidade do Bixiga. Por exemplo, não paga artistas para desfilar no carnaval, ao contrário de todas as outras escolas, dando lugar de destaque às pessoas da comunidade. A Vai-Vai prefere atuar na mídia não por intermédio de artistas, mas por intermédio da comunidade, beneficiando-a com a compra de ambulâncias, caminhões de mudança, clubes de campo, barracão com dormitórios para quem trabalha durante o ano (escultores de carros alegóricos).

A Escola também realiza outros eventos a fim de captar finanças para o carnaval: a Feijoada com Pagode, todos os sábados na sua quadra e o Samba-de-Mesa, aos domingos. Ambos os eventos atraem muitas pessoas da comunidade local e de outros bairros.

A preocupação com o meio ambiente também está presente: várias fantasias são confeccionadas com materiais recicláveis como canudinhos, colheres e garrafas plásticas, mostrando que o que parece lixo pode se tornar um belo traje.

A Vai-Vai possui outros projetos de ação comunitária, como a construção de uma creche próxima à quadra, abrigando crianças de até 7 anos de idade. Outro plano é a abertura de cursos profissionalizantes de confeitaria, padaria e corte e costura e um projeto cultural do primeiro Museu do Carnaval Brasileiro, em Itanhaém, mostrando a evolução das estruturas e das fantasias do carnaval em geral, não somente da Vai-Vai.

Relação Bairro do Bixiga-Escola de Samba Vai-Vai

Notamos pelas pesquisas realizadas no bairro que o Grêmio Recreativo e Cultural da Vai-Vai, além de ser uma opção de lazer, traz alguns

** CABRAL, Sérgio. *As Escolas de Samba: O Quê, Quem, Como, Quando e Por quê?*

benefícios à comunidade local, como o aumento de movimento do comércio quando há ensaios e faz ações comunitárias, como a distribuição de alimentos às pessoas carentes das proximidades, distribuição de brinquedos e o trabalho juntamente com a "Turma do Bixiga", que é a Festa do Papai Noel, no dia 22 de dezembro de cada ano.

A Vai-Vai e o Turismo

Segundo o vice-presidente da Vai-Vai, a feijoada realizada todos os sábados na quadra é um ponto de encontro turístico do bairro e lá se difundem a cultura e o lazer. Pensando nisso, haverá na quadra da Escola várias exposições de artistas da comunidade, com a intenção de mostrar aos turistas a cultura afro-brasileira, por meio da comida típica (feijoada), a música (samba) e a história da Vai-Vai relatada em fotos e exposições. Para ele, isto ajudará a desenvolver o bairro e é uma forma de colocar a cultura ao lado do lazer.

O evento Carnaval Paulista também está atraindo muitos turistas para São Paulo, sendo já tão conhecido quanto o carioca. Muitos turistas estrangeiros vêm assistir aos desfiles dos grupos especiais do Rio de Janeiro e de São Paulo, que ocorrem em dias diferentes, trazendo o desenvolvimento do turismo às duas cidades.

Conclusão

As festas religiosas e populares constituem um importante elemento cultural da população e os autores deste trabalho se posicionam pela sua manutenção, para que esta cultura popular seja percebida pelos próprios moradores do bairro. É relevante que a comunidade pense em sua cultura geral de forma aberta e dinâmica, relacionando-a com o seu cotidiano para, assim, agir como sujeitos da história.

Os fatos sociais presentes no Bairro do Bixiga evidenciam uma área com caracteres culturais, porém com graves problemas urbanos. Poderá vir a ser um bairro com apropriação cultural e elementos históricos com o resgate de seu patrimônio, resultando na melhoria da qualidade de vida para seus moradores por meio de propostas que contemplem espaços de lazer, eventos, corredores comerciais, bibliotecas, áreas verdes e leis que impeçam a destruição sistemática da arquitetura local. Tais alternativas proporcionarão um aumento na receptividade de informações e desenvolvimento das atividades artísticas e turísticas.

A conclusão da pesquisa sobre os eventos do bairro do Bixiga consistiu na elaboração de propostas que se subdividem em metas, ações e seus agentes envolvidos (Quadros 15.1 a 15.3).

Quadro 15.1 – Festa da Achiropita

Metas	*Ações*	*Agentes envolvidos*
Tornar a festa mais segura Distribuir as barracas uniformemente para melhor circulação das pessoas Não permitir o acúmulo de lixo nas ruas onde o evento é realizado	• Contratação de seguranças por parte dos organizadores e patrocinadores; • Convênio com estacionamentos locais • Contratar uma equipe organizadora de eventos • Colocar placas de conscientização nas ruas e aumentar a quantidade de lixeiras na Festa	• Polícia Militar, Prefeitura e organizadores junto aos patrocinadores • Prefeitura, entidades privadas, comunidade, comissão organizadora do evento • Entidades privadas, Prefeitura, Secretaria de Saneamento

Quadro 15.2 – Escola de Samba Vai-Vai

Metas	*Ações*	*Agentes envolvidos*
• Criação de programas integrados de segurança • Conscientização e motivação dos moradores para participarem das atividades da Escola	• Melhorar a iluminação e implantar policiamento permanente no local • Divulgação no jornal do bairro e iniciar os ensaios mais cedo	• Prefeitura, Eletropaulo, Comerciantes, Polícia Militar e Comunidade • Jornal do bairro, Vai-Vai, Comunidade do bairro

Quadro 15.3 – Feira do Bixiga

Metas	*Ações*	*Agentes envolvidos*
• Atrair o público para as cantinas • Valorizar o acesso à região via transportes públicos • Capacitação da Comunidade	• Organizar eventos em conjunto entre feira e cantinas • Propagandas do bairro que divulguem atrativos e seu fácil acesso	• Associação da Feira do Bixiga, comerciantes das cantinas e bares locais • EMTU, SPTRANS, entidades privadas

►

Quadro 15.3 – *(Cont.)* Feira do Bixiga

Metas	*Ações*	*Agentes envolvidos*
• Maior divulgação da Feira • Melhorar a atratividade da Feira • Ampliar as relações entre comerciantes, expositores e comunidade	• Formação de guias culturais e criação da Oficina do Lixo • Publicidade em jornais, rádio, TV e panfletos • Amostras teatrais para atrair o público da Feira • Usar o espaço durante a semana para eventos com crianças e aposentados • Aliança entre os atrativos do bairro, criando descontos de divulgação. Utilização de estacionamentos próximos à Feira que ofereçam descontos aos visitantes	• Centro Universitário Ibero-Americano e Secretarias do Meio Ambiente e Saneamento • Secretaria da Cultura, iniciativa privada, comunidade e expositores • Secretaria da Educação, Escolas de Teatro, SESI, e Escolas Municipais • Secretaria da Cultura, Centro Universitário Ibero-Americano e Projeto Vem Pro Bixiga

Referências Bibliográficas

ARAÚJO, A. *Expressões da Cultura Popular: as escolas de samba do Rio de Janeiro e o amigo da madrugada*. Petrópolis, Vozes, 1978.

BRANDÃO, C.R. *O que é Folclore*. São Paulo, Brasiliense, 1984.

CABRAL, S. *As Escolas de Samba: o quê, quem, como, quando e por quê?* São Paulo, Brasiliense, 1988.

LUCENA, C.T. *Bairro do Bexiga: A Sobrevivência Cultural*. São Paulo, Brasiliense, 1984.

MARZOLA, N. *O Bairro da Bela Vista*. Departamento do Patrimônio Histórico Divisão do Arquivo Nacional, 1985.

SANTOS, J.L. *O que é Cultura*. São Paulo, Brasiliense, 1984.

SEVERINO, A.J. *Metodologia do Trabalho Científico*. São Paulo, Cortez, 1996.

Índice Remissivo

Os números de página seguidos pela letra *f* indicam tratar-se de figuras.

I

L

M

N

O

P

Q

R

S

T

V